競技力向上と障害予防に役立つ

経絡ストレッチと動きづくり

向野　義人／編著
朝日山 一男・籾山　隆裕／著

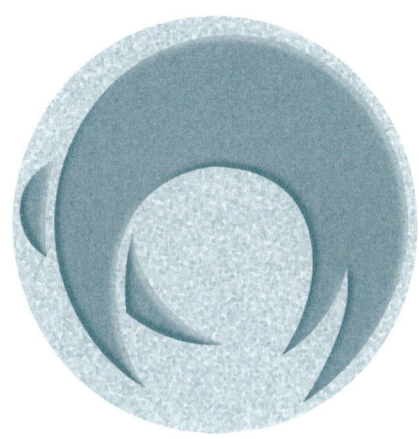

Meridian Stretch

大修館書店

●本書の流れと実践について●

　本書は、以下のような流れで構成されています。この一連の流れを実践することで、専門種目の動作が自然なものとなり、スピードなどの競技力の向上や障害予防などにつながると考えます。

　これらは動きの質をよくするために行うものなので、漫然と行うのではなく、目的にかなうように正確できめ細かい動きを心がけましょう。

①経絡テスト
身体にあると考えられている12本の経絡を伸展させる負荷を行うことで、関節や筋肉の相互関連とその異常を容易に、しかも正確に判断する。

▼

②経絡ストレッチ
経絡テストによって、つっぱり感や違和感、痛みなどが明らかになった部位をストレッチする。これによって、身体の動きが格段によくなり、障害予防やリハビリに役立てることができる。

▼

③動きづくりと軸体操
経絡ストレッチによる動きの改善は動きづくりをスムーズにし、軸の調整や軸づくりを効率的にする。脊柱をほぐすための軸体操によって、専門動作を向上させ、本人の特性を生かすことができる。

▼

④各種スポーツの動きづくり
トレーニング前のウォーミングアップや専門練習の前後、合間などに技術の調整として軸のリラックス、リズム、バランス、コントロール、タイミング、方向性などを基本動作と応用動作に導入して、種目に合った「動きづくり」を行う。

は じ め に

　スポーツ選手はハードな練習を積み重ねながら競技力を向上させようと努力しています。同じスポーツ動作の繰り返しですから、十分な休養がなければ疲労が蓄積します。福岡大学スポーツ科学部で多くの選手に鍼治療を行ってきた17年間を振り返ると、疲労のため競技力も向上せず障害を起こし、失意のうちに競技から遠ざかってしまった多くの選手のことが思い起こされます。これを回避するためには、ハードな練習が引き起こす疲労の蓄積、競技力低下や障害の発生という悪循環を断ち切ることが必要です。この実現にはどのような疲労回復法が必要となるのでしょうか？　本書はこれに答えるために生まれたものです。

　それには、まず、からだと動きの特徴を知る必要があります。人のからだは200ほどの骨と約600もの筋肉、多数の関節の存在下に、筋肉や腱、靭帯による張力を圧縮力に耐える骨が受けとめる形をとっています。動きを支えているのは筋肉、腱、靭帯や骨で形成される関節ですが、人のような複雑な構造のもとでは動きは多関節におよびます。その上、全体としての動きの調和が実現していますので、一つの関節の動きでも全身の動きと連動し、同時に他の関節の動きの影響を受けます。このような動きの連鎖がもたらす疲労は全身におよんでスポーツ動作を微妙に変化させ、自己がイメージする動きとは異なる動きを引き起こしてしまいます。

　人の動きの特徴を考えると、これまでの近代医学の分析のように、個々の関節の構造上の詳細な情報をもとに疲労の蓄積や障害発生の機序を推測していくことで、はたしてすべてを解決できるのでしょうか？　著者はできないと考えています。なぜなら、疲労には自覚できるものと自覚できにくいものとがあるからです。自覚できにくい疲労は多関節の動きの連鎖の影響を反映したものですから、この疲労を見つけ出し、解決しないと全体としての動きの調和を取り戻すことはできません。言いかえれば「からだの声を聞く」ことが疲労や障害を防ぐために必要となるわけです。近代医学の分析では無理なようにみえますが、東洋医学には多関節相互の関連を分析するのに適した考え方があり、それをもとに著者は誰にもできる簡便な分析法を開発しました。これを用いれば自覚できにくい疲労を見つけ出すことが可能です。見つけ出した疲労に対処すれば、ハードな練習がもたらす悪循環を断つことができるようになります。また、トレーニングを効率的に行うことを可能にしてくれます。

　本書では東洋医学の視点に立って、どのようにすれば「からだの声を聞く」ことができるかの方法論とその結果にもとづいて疲労を回復するためにどのようなストレッチを実践していけばいいのかを示しています。また、トレーニングにおいて重要となる動きづくりをどのように実現するかが示されていますので、スポーツ選手のみならず、常日頃スポーツ活動を実践している方には格好のコンディショニングのための本となることでしょう。ここに示された方法論は東洋医学の応用ですが、古来の考え方を生かしたというより、むしろ、これまで支配的であった近代医学の考え方にパラダイムシフトを引き起こすに足る起爆剤となるものと考えています。

2006年3月31日
編著者　向野　義人

はじめに	3
プロローグ──現代医療としての東洋医学	8
〈コラム〉新しいツボ	10

第1章　経絡と経絡テスト

1. 経　　絡 …………………………………………………… 12
   - [1] 身体の動きと経絡からみた運動連鎖 …………………… 12
   - [2] 経絡とその分布の特徴 …………………………………… 14
     - ①前面の経絡 ………………………………………………… 14
     - ②後面の経絡 ………………………………………………… 14
     - ③側面の経絡 ………………………………………………… 17
   - [3] 経穴とその分布の特徴 …………………………………… 17
   - [4] 経絡・経穴の基本構成 …………………………………… 18
   - [5] 経絡・経穴と身体の動き ………………………………… 19
     - ①身体の動きにおける体幹の役割 ………………………… 19
     - ②身体の動きにおける四肢と体幹の連動 ………………… 19
2. 経絡と動きの負荷 …………………………………………… 22
   - [1] 前面の経絡に対する伸展負荷 …………………………… 22
     - ①肺経・大腸経 ……………………………………………… 22
     - ②脾経・胃経 ………………………………………………… 22
     - ③任　　脈 …………………………………………………… 22
   - [2] 後面の経絡に対する伸展負荷 …………………………… 22
     - ①心経・小腸経 ……………………………………………… 24
     - ②腎経・膀胱経 ……………………………………………… 24
     - ③督　　脈 …………………………………………………… 24
   - [3] 側面の経絡に対する伸展負荷 …………………………… 24
     - ①心包経・三焦経 …………………………………………… 25
     - ②肝経・胆経 ………………………………………………… 25
     - ③帯　　脈 …………………………………………………… 25
3. 経絡テスト …………………………………………………… 25
   - [1] 経絡テストの手順 ………………………………………… 25
   - [2] 経絡テストとスポーツ動作との関連 …………………… 28
   - [3] 経絡テストの特徴と利点 ………………………………… 28
   - [4] 経絡テストの応用 ………………………………………… 28
     - ①経絡テストとストレッチ ………………………………… 28
     - ②コンディショニングにおける利点 ……………………… 31
     - ③パフォーマンス向上に対する効果 ……………………… 31
     - 〈コラム〉とっておきの話──経絡ストレッチ講習 …… 32

第 2 章　経絡ストレッチの実際

1. 経絡ストレッチとは ……………………………………………………… *34*
　［1］経絡ストレッチの特徴 ……………………………………………… *34*
　［2］経絡ストレッチの原則 ……………………………………………… *35*
　［3］経絡ストレッチにおける注意事項 ………………………………… *36*
2. 経絡ストレッチの実際 …………………………………………………… *37*
　［1］伸ばす部位はエリアで考えよう …………………………………… *37*
　［2］経絡ストレッチの手順 ……………………………………………… *37*
　　　①すべての動きを経絡テストでチェックする（自己診断）……… *37*
　　　②制限の多い経絡部位をストレッチする（予防および治療）…… *38*
　　　③ストレッチ後の効果を判定する（効果判定）…………………… *38*
　［3］身体軸へのアプローチ ……………………………………………… *38*
　　　①脊柱を支える2脈（任脈、督脈）と帯脈、経絡との関連 ……… *38*
　　　②仕上げは軸づくりの経絡ストレッチで ………………………… *38*
　［4］部位別経絡ストレッチ ……………………………………………… *39*
　　　①頸部の経絡ストレッチ
　　　　　前屈・後屈で異常がある場合 ………………………………… *40*
　　　　　側屈・回旋で異常がある場合 ………………………………… *42*
　　　　　頸斜後屈・頸斜前屈で異常がある場合 ……………………… *44*
　　　②肩および上肢の経絡ストレッチ
　　　　　肩関節の屈曲・伸展で異常がある場合 ……………………… *46*
　　　　　肩関節の水平屈曲・水平伸展で異常がある場合 …………… *48*
　　　③腰部の経絡ストレッチ
　　　　　前屈・後屈で異常がある場合 ………………………………… *50*
　　　　　側屈・捻転で異常がある場合 ………………………………… *52*
　　　④股関節および下肢の経絡ストレッチ
　　　　　膝関節の屈曲・伸展で異常がある場合 ……………………… *54*
　　　　　股関節の外転・外旋・内転で異常がある場合 ……………… *56*
　　　⑤手関節および足関節の経絡ストレッチ
　　　　　手関節の尺屈・橈屈で異常がある場合 ……………………… *58*
　　　　　手関節の掌屈・背屈で異常がある場合 ……………………… *59*
　　　　　足関節の底屈・背屈で異常がある場合 ……………………… *60*
　　　　　足関節の外転・内転で異常がある場合 ……………………… *61*
　　　⑥経絡ストレッチのまとめ
　　　　　後面の経絡 ……………………………………………………… *62*
　　　　　前面の経絡 ……………………………………………………… *63*
　　　　　外側面の経絡 …………………………………………………… *64*
　　　　　内側面の経絡 …………………………………………………… *65*

　　　　⑦スポーツ傷害における経絡ストレッチの例
　　　　　　槍投げにおける肘内側上顆炎 ……………………………… *66*
　　　　　　ランナーにおける左腸脛靭帯炎 …………………………… *67*
　　　　　　ハードルにおける大腿二頭筋の肉離れ …………………… *68*
　　　　　　円盤投げにおける腰痛 ……………………………………… *69*
　　[5] 経絡テスト・経絡ストレッチ・動きづくりの関連 ………………… *70*
　　　　〈コラム〉とっておきの話──中学サッカー選手の腰痛 ………… *70*

第3章　動きづくり理論と軸体操

1. 動きづくり理論 ……………………………………………………………… *72*
　　　　①第一の視点──軸の移動トレーニング ……………………… *72*
　　　　②第二の視点──プロセスを踏んだトレーニング法 ………… *73*
2. 動きづくりの理論化に至る経緯 ………………………………………… *75*
　　　　〈コラム〉ブロッキングウォークとは？（弾む歩行法）………… *76*
3. 軸体操──動きづくりの前提（ウォーミングアップ）──………… *78*
4. 軸体操の実践 ……………………………………………………………… *81*
　　　　①軸づくり ……………………………………………………… *81*
　　　　②軸の縮み ……………………………………………………… *81*
　　　　③軸の伸び ……………………………………………………… *82*
　　　　④軸の裏側をほぐす …………………………………………… *82*
　　　　⑤軸の捻り ……………………………………………………… *82*
　　　　⑥軸の移動 ……………………………………………………… *83*
　　　　⑦軸のスピード（昆虫の足さばき）…………………………… *83*
　　　　〈コラム〉動きをコントロールする経絡と重力 ………………… *84*

第4章　さまざまなスポーツの動きづくり（実践編）

1. 基本動作と応用動作 ……………………………………………………… *86*
2. 走の動きづくり …………………………………………………………… *87*
　　　　①軸の横移動（人間メトロノーム）…………………………… *87*
　　　　②軸の前後移動（人間メトロノーム）………………………… *88*
　　　　③振り子スタート（補助つき）………………………………… *88*
　　　　④加重走 ………………………………………………………… *88*
　　　　⑤引っ張り加重走 ……………………………………………… *89*
　　　　⑥スタート姿勢からの身体放出 ……………………………… *89*
　　　　⑦忍者走り（ヒップタッチ）…………………………………… *89*
　　　　⑧ブロッキングウォークからの走り …………………………… *90*
　　　　⑨サイドジャンプからの走り …………………………………… *90*

3．跳の動きづくり……………………………………………… 91
 ①その場ジャンプ……………………………………………… 91
 ②その場連続ジャンプ………………………………………… 92
 ③その場膝上げジャンプ……………………………………… 92
 ④その場連続クロスジャンプ………………………………… 92
 ⑤両脚サイドジャンプ………………………………………… 93
 ⑥人間ゴムまりジャンプ（補助つき）……………………… 93
 ⑦人間ゴムまりジャンプ──サイド（補助つき）………… 93
 ⑧トロッティング・ジャンプ………………………………… 94
 ⑨片脚連続ジャンプ…………………………………………… 94
 ⑩スキップスキップジャンプ………………………………… 94
4．投の動きづくり……………………………………………… 95
 ①重力軸ボール移動…………………………………………… 95
 ②ボールの音なしサイド移動………………………………… 96
 ③フロント片手投げ（上から）……………………………… 96
 ④フロント両手投げ…………………………………………… 96
 ⑤バック投げ…………………………………………………… 97
 ⑥砲丸バック投げ……………………………………………… 97
 ⑦サイド投げ…………………………………………………… 97
 ⑧捻り投げ……………………………………………………… 98
 ⑨おんぶ回転軸………………………………………………… 98
 ⑩回転の動き…………………………………………………… 98
5．泳の動きづくり……………………………………………… 99
 ①前方向への軸の伸縮………………………………………… 99
 ②クロール…………………………………………………… 100
 ③バタフライ………………………………………………… 100
 ④平泳ぎ……………………………………………………… 100
 ⑤背泳ぎ……………………………………………………… 101
6．打の動きづくり…………………………………………… 101
 ①リラックス（軸のサイド移動）………………………… 102
 ②バッティング──パワーポジション（補助者による押し引き）……… 102
 ③バッティング──ミート打法（左足スライド・ブロッキング）……… 102

あとがき　……………………………………………… 103

▶プロローグ◀
現代医療としての東洋医学

■東洋医学とその基本的な考え方

　東洋医学という言葉は、近代医学が西洋医学で成り立っていることから、それに対比して主としてアジアで生まれ発展してきた医学を指しています。広く西アジア（イスタンブール以東）からインド、東南アジア、中国など広いアジアの地域の医学を指します。この中で、中国医学、インドのアーユル・ヴェーダ医学、イスラム世界のユナーニ医学が「生きている三大伝統医学」とされています。

　東洋医学といえば、この3つの医学のことと考えてよいのですが、日本で東洋医学という場合、日本古来の漢方や中国医学のことを指しているようです。これらの医学は紀元前に生まれていますので、長い年月にわたる人類の経験の積み重ねをもとに、鋭い観察と深い洞察から生命の法則を読み取ろうとするのを特徴としています。西洋医学のような科学的な方法論を持っていないので伝統医学とも呼ばれます。

　現代医学が局所の変化を細かく分析することに力を注ぐのに対して、伝統医学は局所の変化も全体の流れの中で、見極めようとします。つねに全体の流れの中で、局所の病態を正常に戻すことを目指すのが基本的な考え方といえるでしょう。この伝統医学は、ある種の病においては近代医学以上に、多くの人々の信頼を勝ち得ています。これには、今でも用いられている考え方の一つに経絡と経穴（ツボ）があります。

■東洋医学における経絡や経穴の位置づけ

　それでは、なぜ経絡や経穴のような考え方が生まれたのでしょうか？　紀元前の人類がなぜこのような考え方に至ったのかは今もって謎ですが、経絡・経穴の歴史を考える上で、興味深い事例が1949年、千葉大学眼科学教室で見つかりました。視力障害で入院していた男性患者に、鍼を打つと、しびれたような感覚が体内の経絡に沿って全身に伝播し、そのルートをなぞることができたといいます。いわば「経絡敏感人」の出現でした。

　この男性の伝播ルートは、古医書の記載とほとんど一致していたと翌年に出版された『経絡の研究』に記載されています。このような例は、紀元前の中国でも観察されたことでしょう。古医書にも登場する経絡は手足の末端から、頭に至るまで体中に網の目のように分布するエネルギー回路と考えられていますが、経絡

上のツボを刺激すれば、影響は全身に及び、健康の維持や病気の治療ができるとされてきました。

鍼灸の世界では、上顎の歯が痛いときには、足の指のツボに鍼をし、逆子には足の第五趾の爪の生え際に灸をすればよいとされています。なぜ効果があるのか現代医学ではなかなか説明がつきませんが、ヒトの体には、目には見えない秘められた情報伝達系が存在していることは間違いないと考えられます。この情報伝達系をどのように用いればよいかを古人は書き残してくれており、その有用性は現在に至るまで光を放っています。経絡・経穴は古人から現代人へ贈られた貴重な宝物なのです。

■経絡・経穴の異常の見つけ方

経絡に異常があると、さまざまな症状がおこります。スポーツ選手になじみ深い腰痛もその一つですが、腰痛にもいくつかのタイプがあり、関係する経絡が異なります。整形外科で診断がついて、注射や湿布をしてもなかなか痛みがとれないことがあります。こんなとき、経絡・経穴の考え方がとても役に立つことがあります。

経絡・経穴というとなんだか古めかしいという印象があり、どのように利用したらよいかわからないとよく聞きますが、決してむずかしいものではありません。この本では、新たに開発された、最先端のわかりやすい方法論（経絡テスト）が説明されています。この方法は身体を動かしながら、異常な経絡を探し出すもので、誰でも簡単に行うことができ、容易に異常を見つけ出すことができます。

■経絡・経穴の異常を改善する方法

経絡・経穴の異常の改善には、鍼灸や気功などが昔から使われてきました。鍼灸は現在、世界100ヶ国以上で行われているもっとも普及した伝統医学です。しかし、日本では国家資格が必要ですので、誰でも使えるというわけにはいきません。

気功は導引に起源があるといわれています。導引は身体の屈伸などの動作や呼吸などで身体を整えて、健康で長生きするための体系化された保健法で、経絡・経穴というエネルギー回路を流れる「気」の滞りをなくす目的で使われます。

鍼灸、導引のいずれも、適切な訓練を受けないと使いこなせませんが、この本で紹介する経絡テストは、簡便にすばやく異常な経絡を探し出し出す方法で、誰にでも容易に行うことができます。こうして探し出した異常な経絡にストレッチ（経絡ストレッチ、第2章に詳細に記述）を加えると、全体のバランスを回復させるとともに局所の異常を改善することができます。西洋医学で、なかなか治らない腰痛などが改善しますし、スポーツ活動におけるコンディショニングに役立てることもできます。また、身体のバランスを回復した上でトレーニングに励めば、目標とするパフォーマンスの改善（動きづくり、第3章、第4章に詳述）を達成しやすくなるなどのメリットがあります。

この方法の原則は非常にわかりやすく、経穴を覚えなくてもできるので、鍼灸

や気功よりも簡単に試みることができます。しかも、効果は抜群ですので、ぜひ活用してみてください。選手の障害の予防や競技力向上にきっと役立つ方法となります。

■ WHO、NIH も評価する経絡・経穴を応用する鍼灸

　日本のプロスポーツのトレーナー、たとえば、Jリーグのトレーナーやプロ野球のトレーナーの多くが鍼灸師であることをご存知でしょうか。スポーツに経絡・経穴の考え方が役に立つと考えているのは日本だけではありません。著者（向野）がロンドンで経絡テストのセミナーをしたときに、オックスフォード大学医学部のスポーツドクターが「われわれは鍼治療でオリンピックでのゴールドメダル獲得に貢献してきた」というのを聞いて、世界中で経絡・経穴の考え方を用いていることがわかりました。

　このように、トップアスリートが鍼灸を利用していることはよく知られた事実ですが、スポーツに限らず、病気の治療にも使われています。1996年、WHO（世界保健機構）は鍼灸の適応症として49項目を発表しました。肩関節周囲炎（いわゆる五十肩）、関節リウマチ、気管支喘息（ぜんそく）、坐骨（ざこつ）神経痛、三叉（さんさ）神経痛、月経困難症、不妊、近視、メニエール症候群、うつ病などです。

　翌年、医学についての研究機関として世界のトップに位置づけられているNIH（米国国立衛生研究所）で「鍼治療の効果を科学的に評価する会議」が開催されました。3日間におよぶ会議で、最終日に発表された合意声明では、鍼は薬物中毒、脳卒中のリハビリ、喘息、頭痛、月経痛、関節炎、腰痛など多くの病気に対して役立つ可能性があると結論づけられました。また、研究の進展で、これ以外の領域でも役立つことが明らかになるであろうと指摘しています。

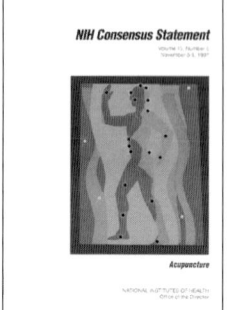

NIHの合意声明が掲載された冊子（1997年）

　日本では、明治時代に国の医療制度から排除され、戦後も米国占領軍から「鍼灸禁止令」が出されそうになるなど、西洋医学の側から迷信のように扱われることもありましたが、今では、鍼治療は世界の最先端医療といえます。

新しいツボ

　足裏のツボ、耳のツボなどは20世紀になって発見されました。足裏のツボは「足の反射療法」と呼ばれ、ルーツは欧米にあります。1916年、アメリカ生まれのフィッツゲラルド博士が研究例を報告したのが初めてとされています。全身のツボが耳にあるという仮説を発表したのはフランス・リヨンの開業医、ポール・ノジェ博士です。1957年に全身のツボが耳にあると発表されて以来、この考え方に沿った鍼（はり）治療が世界中で行われています。

　手の指、掌（てのひら）、手の甲も、耳や足裏と同じようにヒトの身体の縮図となっています。このメカニズムを発見したのは韓国の柳泰佑博士で、1971年のある夜、激しい頭痛を経験したことがきっかけだったといいます。その治療法を「高麗手指鍼（こうらいしゅししん）」と名づけています。

　足裏や耳や手指がヒトの身体の縮図となっているという考え方は紀元前から伝承されてきた経絡・経穴とは異なりますが、理解しやすい考え方なので誰にでも使いやすいという特徴があり、経絡・経穴と併用するととても役立ちます。

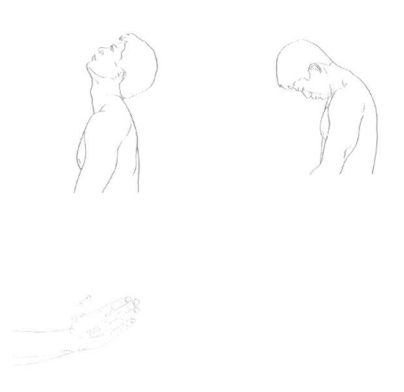

経絡と経絡テスト 第1章

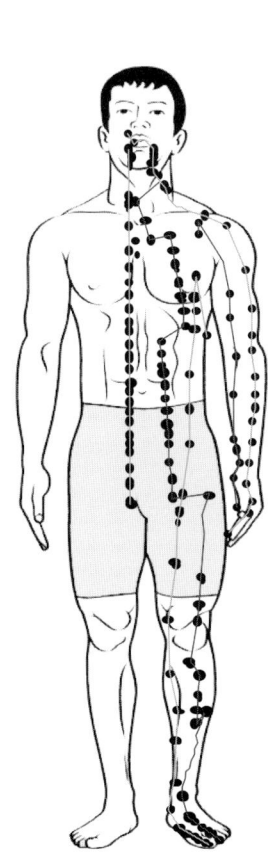

1. 経　　絡

[1] 身体の動きと経絡からみた運動連鎖

　身体の動きは、ピアノ演奏のときのような手指の微細な動きから、走る、跳ぶ、投げる、蹴るなどのようなスポーツ活動まで多関節の動きの連鎖で成り立っています（図1-1）。そのため、現代医学で行われているように、個々の関節を主な対象として動きを分析しようとすると、関節相互の動きの関連についての情報を得ることができなくなってしまいます。その結果、適切な治療を行えない場合が生じてしまいます。

　しかし、経絡という東洋医学の考え方を応用すると、このような多関節の動きの相互関連を分析できます。なぜなら、経絡は「気」というエネルギーの通り道であり、主として身体の中に縦（長軸）に分布する特徴を有しているからです。そして、人の動きは、この縦のルートの動きとしてとらえなおすことができます。

　人体には、つま先から頭にいたるまでの縦系列に分布する経絡があると考えられ、身体の前面に4本、後面に4本、側面に4本が分布しています。それぞれの面には中心軸としての経絡があり、経絡に沿った動きのアンバランスな現象を観察することで身体の動きの異常を総合的に判断できる仕組みがあります。さまざまな症状の発現には、多関節の動きの相互関連にもとづいた動きの異常が関わっており、その異常を経絡に沿った動きのアンバランスとして把握することができます。さらに、その情報にもとづいて動きの異常を修正するための適切な治療を導き出すこともできます（図1-2）。

図1-1　多関節が使われるスポーツ活動

（PHOTO KISHIMOTO 提供）

1. 経 絡

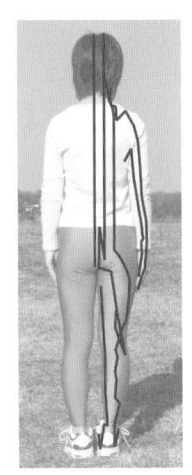

図 1-2　身体にある経絡
　身体の異常は経絡に沿った動きのアンバランスとしてみることができ、さらにその情報から動きの異常を修正するための適切な治療を導き出すことができる（詳細は図 1-5 ～ 1-7 参照）。

　このことについて、症例を示しながら説明します（図 1-3）。このバレーボール選手は、スパイクを打つときに肩痛(a)を訴えましたが、肩に異常は発見されませんでした。数日前のブロック時に転倒して、膝(b)や足首の外側面(c)に少し打撲を受けたという病歴を持っていました。打撲部分は「胆経」（図 1-7）の経穴である丘墟および陽陵泉のある領域に相当し、この部位の異常を自覚していなかったものの、明らかな圧痛がありました。肩痛部位への鍼刺激は無効であったにもかかわらず、丘墟(c)および陽陵泉(b)への鍼刺激で肩痛は即座に消失しました。
　この例では、下腿の打撲をきっかけとしてスパイク動作時に身体の長軸にわたるルート（胆経）に沿った伸展制限がもたらされたため肩痛が誘発されたと考え

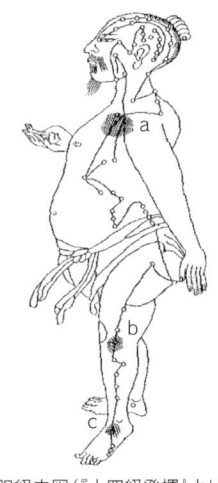

転倒時の打撲（b、c）
　　　↓
数日後のスパイク時の肩痛（a）

（PHOTO KISHIMOTO 提供）　　　胆経之図（『十四経発揮』より）

図 1-3　動きの分析に経絡の応用
　痛みなどの症状は全体の動きのアンバランスで誘発される。多関節相互の影響は長軸にわたって出現するが、経絡を応用すると症状の発現機序を理解しやすい。

ると、痛みの発現機序を理解することができます。

　このように、経絡に沿った動きの連鎖の乱れは、経穴部位が何らかの関与をしているものと推測されます。この経穴部位はひずみが生じやすいのですが、経穴への刺激がそのひずみを解消し、その結果、経絡に沿った身体の動きがよくなると考えると効果機序が理解しやすくなります。

　動きと身体の関係から経絡を見直すと、経絡には(1)各四肢と体幹の連動、(2)上下肢と体幹の連動、(3)体幹中心軸と動き全体との連動の分析に役立つグループのあることがわかります。経絡のグループは、これらの相互の影響を分析することを可能にします。

　また、人の動きを分析するには、動きを全体としてとらえながら、上肢・下肢と体幹の前面・後面・側面が互いにどのように影響を及ぼしあっているのかなどを検討する必要があります。中国古来の方法論の中には、相互の影響を分析し、修復する仕組みがあります。つまり、経絡にはヒトの多関節の動きを分析し、動きの調和の異常を修正するために必要な仕組みが含まれているのです。

[2] 経絡とその分布の特徴

　身体を前面・後面・側面の3つの面に分け、それぞれに分布する経絡群に大別していることが経絡分類の特徴です。「前面」は解剖学の定義とは異なり、"気をつけの姿勢"（自然立位）、つまり手掌は体側に向いて母指を前にした状態と定義されています（図1-4）。経絡は、身体の前面・後面・側面に分布する経絡群、および、それぞれの面の中心に分布する経絡群（図1-5～図1-7）からなっています。

　経絡は、大きく陰経*1と陽経*2とに分類され、前面、後面、側面にそれぞれ同数の陽経と陰経が分布しています（表1-1）。上肢の前面・後面・側面には、それぞれに陰経と陽経とが1種類ずつ分布し、下肢にも同様の原則で分布しています。また、左右の上肢・下肢にそれぞれ同じ経絡が分布しています。

　経絡には、それぞれに関連する「臓腑」があります。臓とは肺臓、心臓、肝臓、腎臓などの実質臓器のことを指し、腑とは胃、小腸、大腸、膀胱などの中空器官のことを指します。陽経は腑、陰経は臓に関連づけられて、肺経（陰経）、大腸経（陽経）などのように呼ばれています。

①前面の経絡

　身体の前面（図1-5）には上肢・体幹に2種類（図中A・B）、下肢・体幹に2種類（図中a・b）、体幹中心軸に1本の経絡が分布しています。A（肺経）とa（脾経）は陰経であり、B（大腸経）とb（胃経）は陽経です。AとB、aとbは表裏経、AとA、BとBは同名経（太陰経・陽明経）と分類されます。前面の体幹中心軸に相当する経絡は、任脈と呼ばれています。表裏経は上肢や下肢における陰経と陽経の組み合わせで、同名経は上下肢におよぶ陰経どうし、陽経どうしの組み合わせです。後面・側面の経絡も同じように分類されます。

②後面の経絡

　身体の後面に分布する経絡（図1-6）には上肢・体幹に2種類（図中A・B）、

*1 陰経
　太陽の下で地上に四つん這いになったときに、陰になる部分――上肢の内側面や胸腹部、下肢の内側面など――に分布する経絡を陰経と分類します。

*2 陽経
　陰経とは逆に、陽のあたる部分――上肢の外側面、背中、腰部や下肢の外側面など――に分布する経絡を陽経と分類します。

1. 経 絡

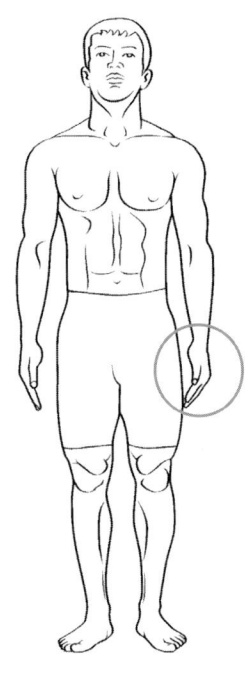

手掌は体側
母指が前

　気をつけの姿勢（自然立位）で経絡分布の前面・後面・側面が定義されている。それぞれの経絡が、どの面に分布しているかをこの自然立位をもとに分類している。その結果、経絡分類における前面と手指や足趾との関係は上肢の経絡では第一指・第二指、下肢では第一趾・第二趾となる。

図 1-4　経絡分類における前面

表 1-1　経絡の構成と分布

分布	同名	陰　裏（分布）	陽　表（分布）	同名	中心軸
前面	太陰	肺（上肢） 脾（下肢）	大腸（上肢） 胃（下肢）	陽明	任脈
後面	少陰	心（上肢） 腎（下肢）	小腸（上肢） 膀胱（下肢）	太陽	督脈
側面	厥陰	心包（上肢） 肝（下肢）	三焦（上肢） 胆（下肢）	少陽	帯脈

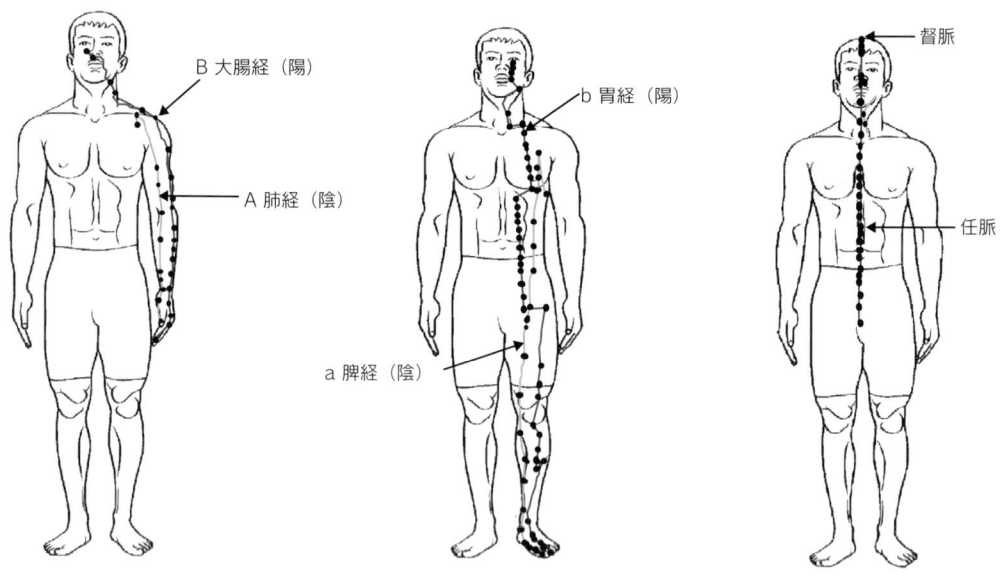

図1-5 前面の経絡

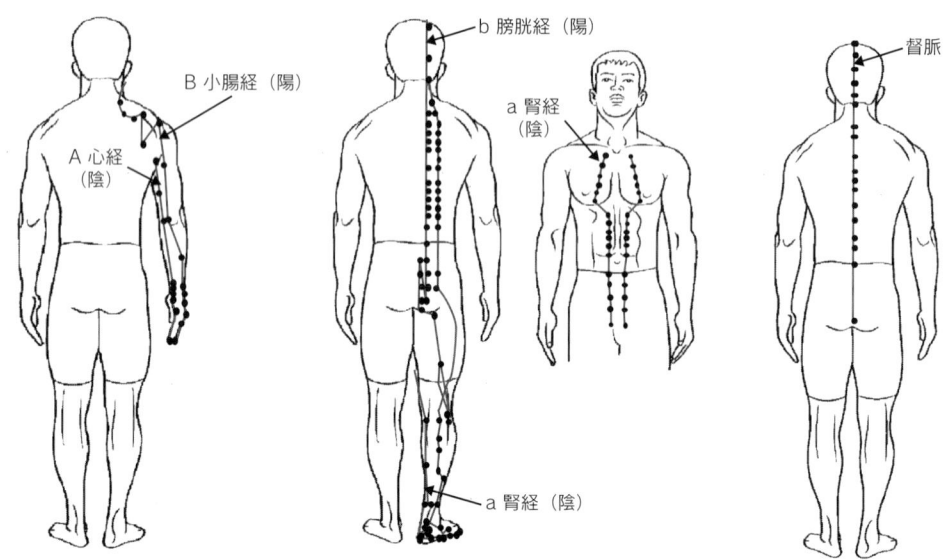

図1-6 後面の経絡

1. 経　絡

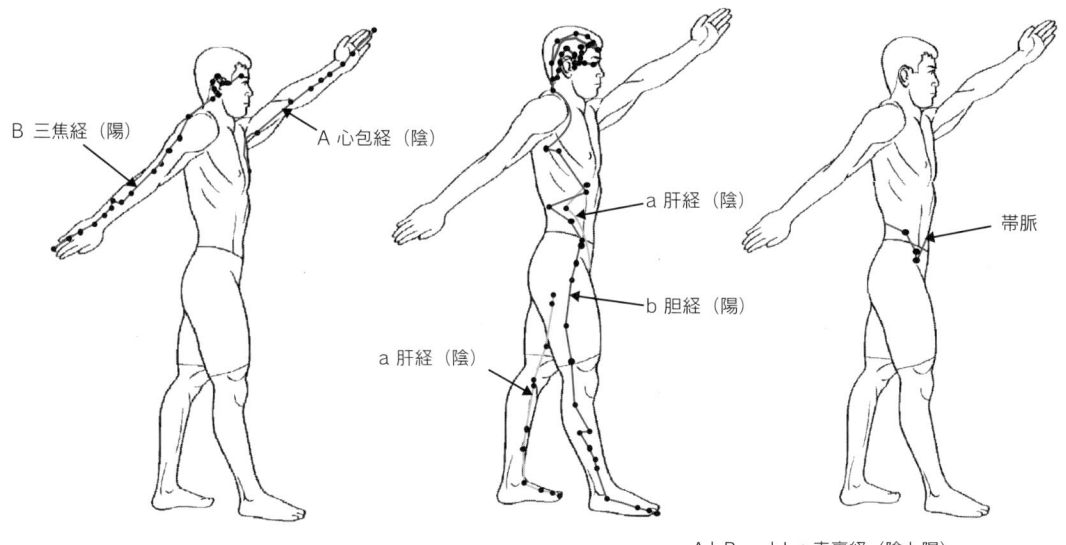

AとB、aとb：表裏経（陰と陽）
Aとa、Bとb：同名経（厥陰経、少陽経）

図1-7　側面の経絡

下肢・体幹に2種類（図中a・b）、体幹中心軸に相当する1本があります。A（心経）とa（腎経）は陰経であり、B（小腸経）とb（膀胱経）は陽経です。AとB、aとbは表裏経、Aとa、Bとbは同名経（少陰経・太陽経）と分類されます。後面体幹中心軸に相当する経絡は督脈と呼ばれています。

③側面の経絡

身体の側面（図1-7）には上肢・体幹に2種類（図中A・B）、下肢・体幹に2種類（図中a・b）、体幹中心軸に相当する1本の経絡が分布しています。A（心包経）とa（肝経）は陰経であり、B（三焦経）とb（胆経）は陽経です。AとB、aとbは表裏経、Aとa、Bとbは同名経（厥陰経・少陽経）と分類されています。側面の体幹中心軸に相当する経絡は帯脈と呼ばれています。

[3] 経穴とその分布の特徴

人体には361個の経穴（ツボ）があり、それぞれが経絡というエネルギーの通り道に点在しています。経穴と経穴とを結びつけるルートが経絡であり、人の動きを経絡の動きとしてとらえなおすためには、ルートを構成する経穴の位置の特徴も重要となります。

経穴の多くは筋腱移行部、腱の骨付着部、腱と腱の間、腱周辺部、骨と骨の連結部、筋腹、血管周囲などにあります（図1-8～図1-9）。そのため、経穴への刺激はこれらの領域の緊張を軽減することで動きの改善を促し、同時に血流の改善も期待できます。体幹には、兪穴・募穴と呼ばれる臓腑の病変や治療に重要と

第1章　経絡と経絡テスト

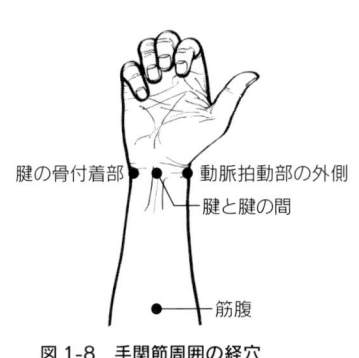

図 1-8　手関節周囲の経穴

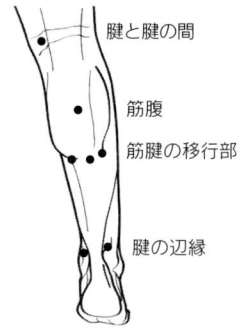

図 1-9　下腿後面の経穴

される経穴があり、それぞれの経絡に固有なものが配されています。経穴は四肢・体幹に一定の法則の下に分布しており、その刺激はその経穴が所属する経絡を介して身体全体に影響を伝達できることを示唆しています。

＊3　一定の法則
四肢における経穴は筋腱移行部、腱の骨付着部、骨と骨の連結部、筋腹などに位置し、それぞれが経絡上に配列しています。また、体幹にはこれらの経絡を代表する経穴（兪穴・募穴）が位置しています。人の動きに際して、経絡が伸ばされ、兪穴・募穴は支点として作用します。このように経絡・経穴は動きに連鎖した影響を受ける仕組みになっています。

[4] 経絡・経穴の基本構成

図 1-10 に経絡・経穴の基本構成を示しましたが、経絡は四肢と体幹の動きの連携を観察するための動きのラインとみなされています[2][3][4]。上肢と体幹、下肢と体幹との動きの連携をみることを可能にするのは表裏経で、表裏経を構成する経絡には、同様の役割を担う経穴群が分布しています。また、体幹にはそれぞれの経絡に動きの負荷がかかる際の体幹対応点として経絡固有の兪穴や募穴が位置しています。

また、上下肢と体幹との動きの連携をみるのに役立つのは同名経です。同名経においても、表裏経における四肢の経穴群ならびに兪穴・募穴の役割はそのまま引き継がれています。

さらに、体幹中心軸の役割を担う経絡として、前面には任脈、後面には督脈、側面には帯脈が分布しています。

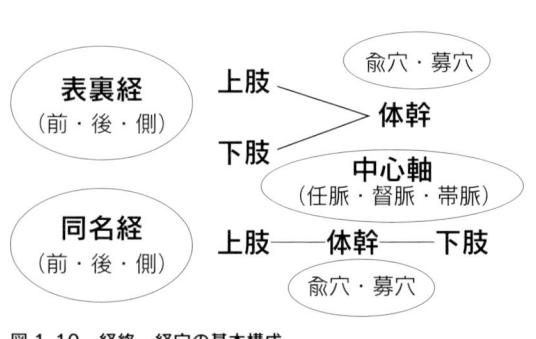

図 1-10　経絡・経穴の基本構成

人の動きは身体の各部分の異なった動きの組み合わせで、全体としては調和している。たとえば、ゴルフのスイングを見ると、左右上肢、左右下肢、体幹、中心軸の動きはそれぞれ異なっているが、各部分の異常を見つけると同時に全体としての動きの調和を観察するのに経絡・経穴の基本構成がとても役に立つ。

[5] 経絡・経穴と身体の動き

①身体の動きにおける体幹の役割

　乳児期から幼児期にいたる過程で、立ち上がるまでの人の動きは、身体を反ったり、ねじったりするなどの体幹の動きが主体となります。人は起立できるようになると、体幹の動きと手足の調和が必要となり、四肢と体幹の動きは、相互に影響をおよぼし合います（図1-11）。

　体幹には、古くから経絡全体を統括するものと位置づけられてきた任脈・督脈が分布して、前面・後面の中心軸としての役割を担っています。

図1-11　体幹の動きと手足の調和が必要となる自転車乗り　（PHOTO KISHIMOTO 提供）

また、側面の体幹中心軸としての役割を帯脈が有していると考えられることから、任脈・督脈・帯脈は表裏経や同名経と体幹中心軸との連携をみるのに有用なルートとみなされます。

　また、各経絡の臓腑の病変に対応して反応するとされている兪穴・募穴は、それぞれの帰属する経絡が伸ばされるときの体幹における対応点とみなされ、この3つの体幹の経絡とともに動きの連携を観察するのに有用な仕組みと考えられています。

②身体の動きにおける四肢と体幹の連動

(a)各四肢（表裏経）と体幹

　上肢や下肢と体幹の動きの連動を分析するための仕組みとして、その役割を担うのは表裏経と体幹中心軸の経絡です。先に述べたように、上肢・下肢の前面・後面・側面には、それぞれ表裏経（図1-5～図1-7）が分布しています。体幹にはそれぞれの面の中心軸としての経絡（図1-5～図1-7）が分布しています。ここでは、表裏経のひとつである心経（陰）・小腸経（陽）を代表例として解説します（図1-14）。

　上肢後面の表裏経である心経・小腸経は、近接して走行しています。そのため、

A群：近接した経絡
　　一つの動きで類似の負荷がかかる

B群：対立した経絡
　　一つの動きで対立した負荷がかかる

 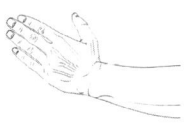 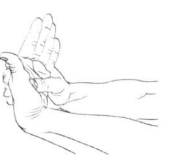 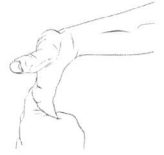

陽明大腸経　　　太陽小腸経　　　少陽三焦経　　　厥陰心包経
太陰肺経　　　　少陰心経

図1-12　動きの負荷からみた表裏経の分類

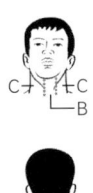 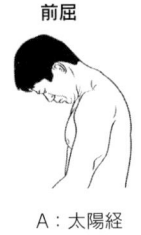  

図 1-13 同名経と動きの負荷

同じ動きで類似の負荷がかかることになります（図 1-12）。体幹には、それぞれの経絡異常の診断や治療に重要とされる兪穴および募穴があります。心経・小腸経と体幹にある兪穴・募穴との関係をみると、上肢の挙上に際して心経・小腸経の分布する領域は伸展されるとともに、体幹にもこの影響がおよび、その際の体幹後面における対応点が小腸経では小腸兪、心経では心兪と考えられます。

また、前面には心経・小腸経の募穴である巨闕、関元が分布し、兪穴の役割と同様に前面におけるそれぞれの経絡の対応点として位置しています。体幹後面には、兪穴・募穴とは別に督脈が分布しており、心経・小腸経を伸展する際の中心軸としての役割を担っています。このような特徴は上肢・下肢に分布する他の表裏経でも同様に観察されます。

(b) 上下肢（同名経）と体幹

上下肢と体幹の動きの連動を分析するための仕組みとして役割を担うのは、同名経と体幹中心軸の経絡（図 1-5 〜 図 1-7）です。同名経には表裏経で観察した特徴が引き継がれています。代表例として、上肢前面の表裏経（大腸経・肺経）と下肢前面の表裏経（胃経・脾経）を、それぞれ陽経・陰経どうしの組み合わせ（大腸経─胃経、肺経─脾経）に分類し直した同名経に対する負荷を示しました（図 1-15）。同名経の分布の特徴から、動きに対しての負荷は類似したものになります（図 1-13）。

体幹を反る動作では、上肢前面と下肢前面に伸展負荷がかかると同時に体幹にもこの影響がおよびます。つまり、上肢・下肢の前面の経絡である陽明経（大腸経・胃経）に負荷がかかると同時に、太陰経（肺経・脾経）にも負荷がかかるわけです。その際、体幹後面における対応点として作用するのが大腸兪、胃兪、肺兪ならびに脾兪と考えられています。

また、前面には脾経・胃経の募穴である章門・中脘、肺経・大腸経の募穴である中府・天枢が分布し、兪穴の役割と同様に前面における対応点として位置しています。体幹には兪穴・募穴とは別に任脈が分布しており、陽明経（大腸経・胃経）および太陰経（肺経・脾経）が伸展する際の体幹中心軸としての役割を持っています。

後面や側面の同名経においても、基本的に同じ原則が存在します。

1. 経　絡

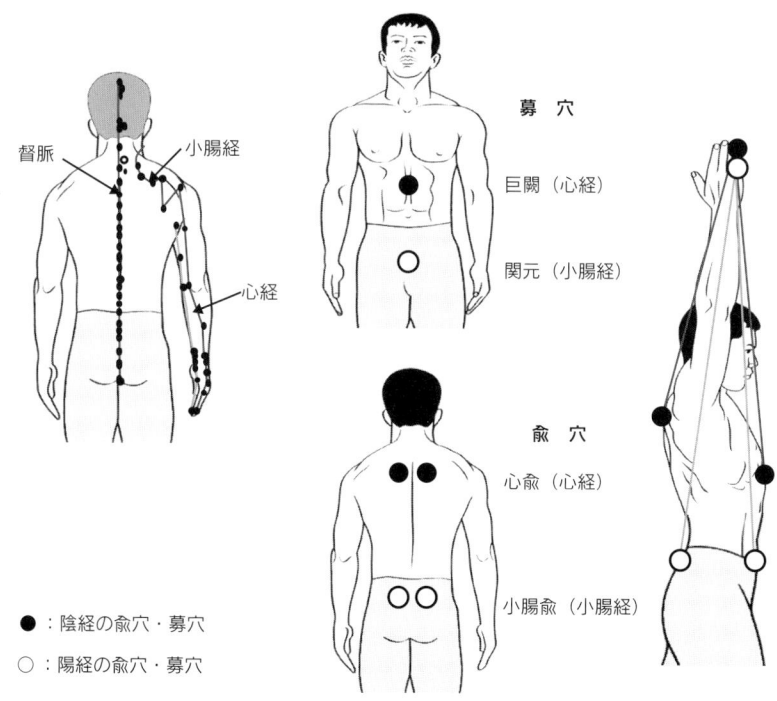

図1-14　心経・小腸経・督脈の負荷と兪穴・募穴

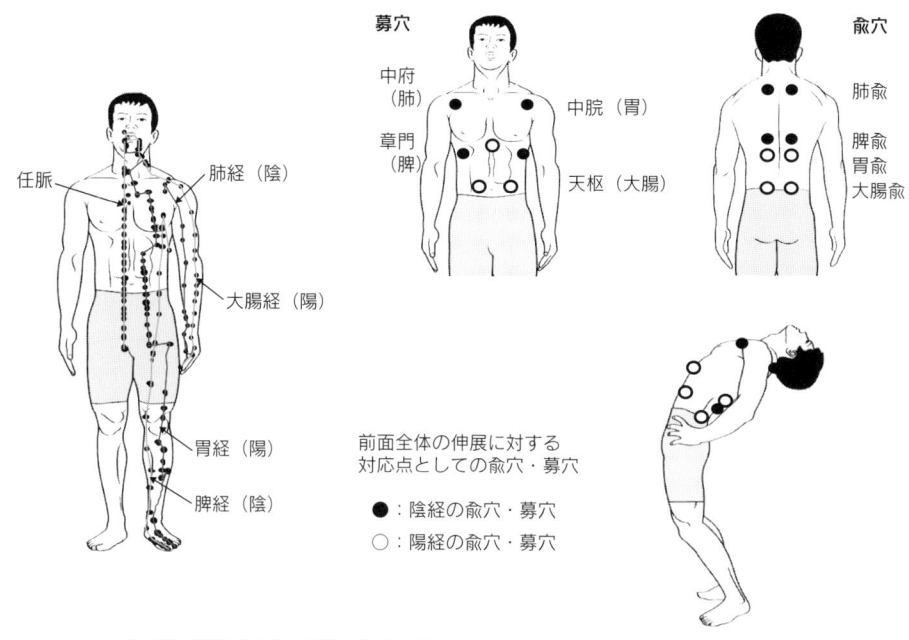

図1-15　前面同名経の負荷と兪穴・募穴

2. 経絡と動きの負荷

　身体の動きは、持つ、つまむ、捻るなどの手指の微細な動きから、走る、跳ぶ、投げる、蹴るなどのようなスポーツ活動まで多関節・多軸の動きの連鎖で成り立っています。図1-3に示したように、動きの連鎖が妨げられると痛みなどの症状が誘発され、この影響はしばしば予測しない部位にまでおよぶことがあります。

　そこで、動きのライン（経絡）に沿った運動連鎖異常を見出すには「各経絡を伸展させる動きの負荷」から得られる所見を総合することです。これによって、関節や筋肉の相互関連とその異常を容易に、即座に、しかも正確に判断することが可能となります。この経絡への伸展負荷法、つまり「経絡テスト」[2][3][4]において所見をとる際の経絡と、それを伸展する動きを以下に示しました。個々の動きは、それ自体で「経絡に対するストレッチ」になっており、これによって異常所見を修正することにも応用ができます。

[1] 前面の経絡に対する伸展負荷

　身体の前面を伸展する動作は、前面に分布する肺経・大腸経、脾経・胃経、任脈を伸展させます。

①肺経・大腸経

　肺経・大腸経は、上半身の前面を伸展する動作と関わっています（図1-16の1〜8）。頸部の動作1・2・3は頸部前面および前胸部を、肩および肘の動作である4・5・6・7は肩や肘の前面ならびに上肢前面を、動作8では手首の前面（橈骨側）が伸ばされます。いずれの動作でも、表裏関係にある肺経・大腸経が伸展されます。

②脾経・胃経

　脾経・胃経は、下肢や体幹の前面を伸展する動作と関わります（図1-16の9〜12）。腰部後屈9、腹臥位での股関節伸展および膝の屈曲動作である10、11および足関節の底屈12は、身体の前面を伸展させます。いずれの動作でも表裏関係にある脾経・胃経が伸展されます。

③任　　脈

　任脈は、前面に分布する肺経・大腸経および脾経・胃経を伸展する動作（図1-16の1〜12）すべてと関わっています。

[2] 後面の経絡に対する伸展負荷

　身体の後面を伸展する動作は、後面に分布する心経・小腸経、腎経・膀胱経、督脈を伸展させます。

2. 経絡と動きの負荷

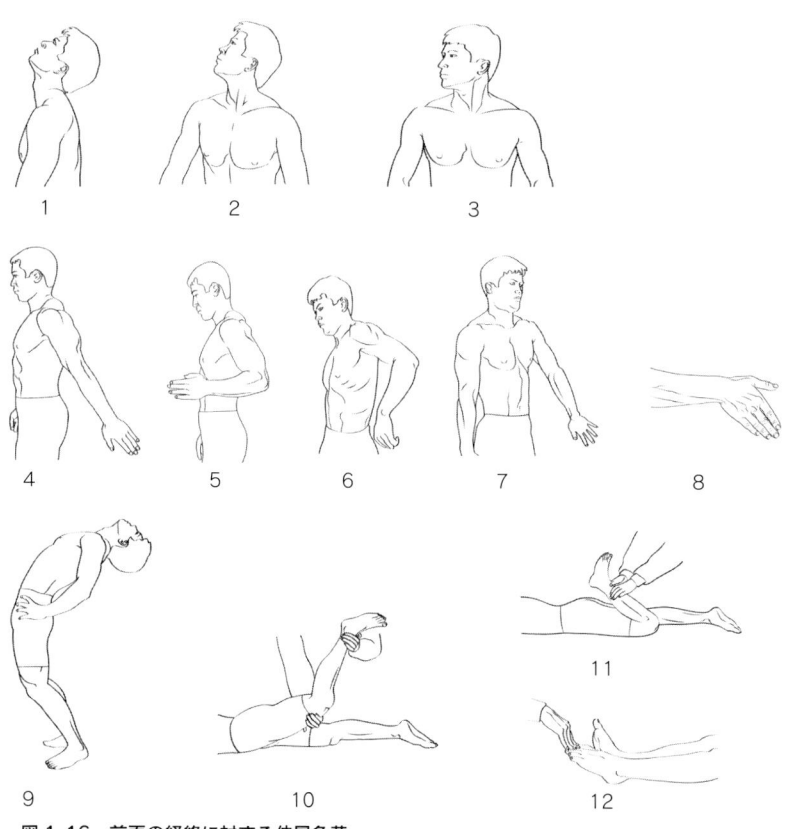

図1-16　前面の経絡に対する伸展負荷

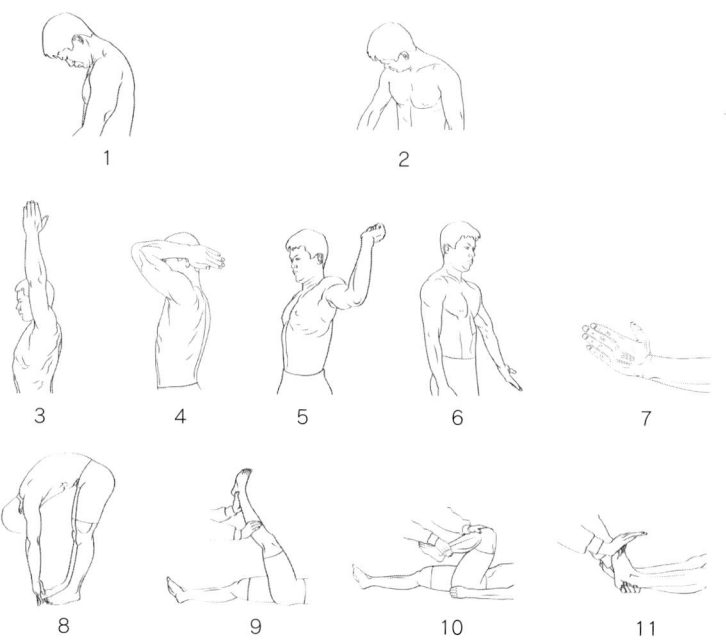

図1-17　後面の経絡に対する伸展負荷

①心経・小腸経
　心経・小腸経は、上半身の後面を伸展する動作と関わっています（図1-17の1〜7）。いずれの動作でも、表裏関係にある心経・小腸経が伸展されます。
②腎経・膀胱経
　腎経・膀胱経は、下半身の後面を伸展する動作と関わっています（図1-17の8〜11）。そのうち腎経は、分布の特徴により下肢では後面、体幹では前面に分布するため腎経を伸展する動作は下肢と体幹で異なりますが、動きの影響は経絡全体におよぶことが多いので、下肢の動きに対する影響を参考に腎経の関与を判断することができます。
　また、腰部前屈8、仰臥位（ぎょうがい）での股関節屈曲および膝を屈曲した状態での股関節屈曲である9、10および足関節の背屈11は、身体の後面を伸展させます。いずれの動作でも、影響の差はあるものの表裏関係にある腎経・膀胱経が伸展されます。
③督　脈
　督脈は、後面に分布する心経・小腸経および腎経・膀胱経を伸展する動作（図1-17の1〜11）すべてと関わっています。

[3] 側面の経絡に対する伸展負荷

　身体の側面を伸展する動作は、側面に分布する心包経・三焦経、肝経・胆経、帯脈を伸展させます。

図1-18　側面の経絡に対する伸展負荷

①心包経・三焦経

心包経・三焦経は、上半身の側面を伸展する動作と関わっています（図1-18の1～9）。肩および肘の動作である2・3・4は肩や肘の外側面、5の動作では手首の外側面、つまり三焦経が伸展されます。動作6・7・8では肩や肘の内側面、9では手首の内側面、つまり心包経が伸ばされます。頸部の側屈1では、表裏関係にある心包経・三焦経の影響を受けます。

②肝経・胆経

肝経・胆経は、側面（主として下半身）を伸展する動作と関わっています（図1-18の10～16）。股関節および膝・足関節の動作である13・16はこれらの外側面が、12・15の動作では内側面が伸展されます。つまり、13・16では胆経、12・15では肝経が主として伸展されます。動作10・11・14では、表裏関係にある胆経・肝経いずれにも伸展負荷がかかる動きとなります。

③帯　脈

帯脈は、側面に分布する心包経・三焦経ならびに肝経・胆経を伸展する動作すべてと関わります（図1-18の1～16）。

3. 経絡テスト

前述しましたように、身体の動きは日常の生活動作からスポーツ活動まで多関節・多軸の動きの連鎖で成り立っています。そこで、経絡に沿った運動連鎖という考え方を採用して、各経絡を伸展させる動きの負荷から得られる所見を総合すると、関節や筋肉の相互関連とその異常を容易に、即座に、正確に判断することができます。それが経絡テストであり、著者（向野）によって世界で初めて開発され、医療分野やスポーツ領域で応用されるようになりました。

[1] 経絡テストの手順

図1-19は、経絡テストの個々の動きとその手順を示したものです。数字は、負荷テストを行う順序を示しており、矢印は負荷動作が連続してなされていることを表しています。下肢の負荷では、16および17は連続してできますが、その後、体位変換をして仰臥位になり、18から22までの負荷を連続して行うとテストに要する時間が短縮できます。それぞれの負荷に対する反応を確認しながら行っても負荷テストは10分くらいで完了します。通常は立位でテストを行いますが、4～15および27～30の動作は坐位で行ってもかまいません。ここでは、右側の負荷のみを示していますが、実際には両側において行うので、所見用紙（図1-20）には両側の負荷動作を示しています。前面・後面・側面の負荷テストを枠で囲んでいるので、負荷に対する反応[*4]をチェックすれば、どの面のどこに異常があるのかがすぐに判断できます。

＊4　負荷に対する反応

異常とは、基本的には痛み、つっぱり感、だるさ、違和感の4種類の反応をさします。負荷を他動的に行う場合は、検者が左右の動きの差、負荷に対する抵抗などを感じ取るようにします。

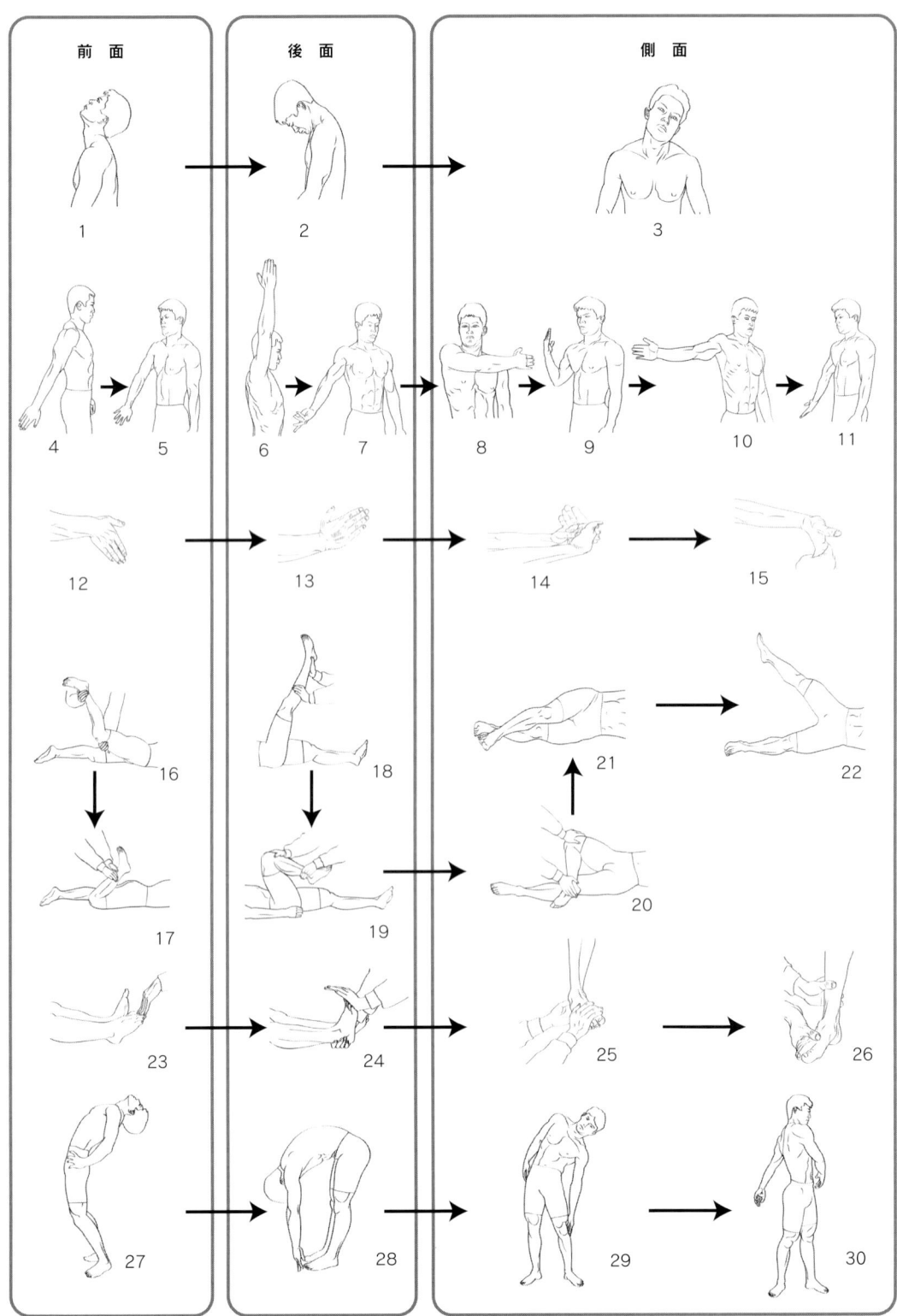

図 1-19　経絡テスト施行手順

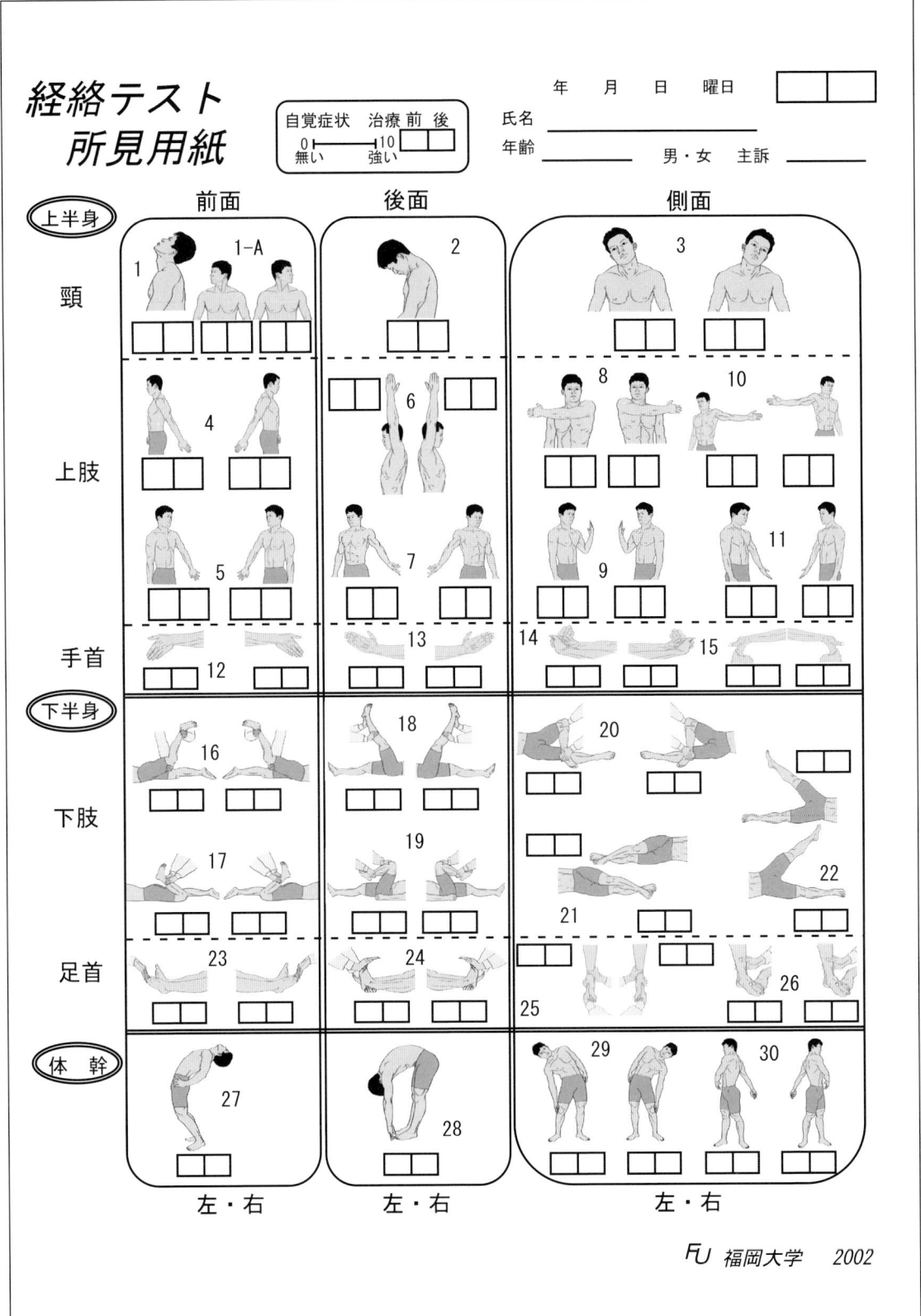

図1-20　経絡テスト所見用紙

[2] 経絡テストとスポーツ動作との関連(4)

　スポーツ動作を手足や体幹の個々の動きの組み合わせとして見直してみると、それぞれの動きは経絡テストの動きと一致しています。図1-21〜図1-23に陸上選手のランニング、ピッチャーの投球、テニスのサービスと経絡テストの動きの関連を示しました。それぞれのスポーツにおける身体の各部位の個々の動きは経絡テストの動きとして観察することができます。

　この原則は、対人スポーツにおいても同様です。このことは、それぞれのスポーツ種目における特徴的な動きによって引き起こされる疲労を予測できるうえ、選手自身が自覚していない疲労でも、経絡テストで容易に、的確・迅速に判断できることを意味しています。また、連続する動作の中で、どの動きで痛みや違和感があるかを把握できれば、その修正にはどの経絡のストレッチをすればよいかがわかり、適切なストレッチの選択が可能となります。

[3] 経絡テストの特徴と利点

　経絡テストには、以下のような特徴と利点があります。

1) あらゆるスポーツ動作を構成する手足や体幹の個々の動きは経絡を伸展する動き、つまり経絡テストの動きとみなすことができます。
2) テストの結果を総合すると、疲労がどこに存在するのか、異常がどこにあるのかを判断できます。
3) 同じスポーツ動作の繰り返しから生じる痛みや疲労は、経絡テストで容易に分析できます。その結果、スポーツ種目に特徴的な痛みや疲労を判断することができます。
4) 同じスポーツ種目であってもそれぞれの個人に特有なマルアライメント[*5]やフォームの特徴から生じる疲労の部位差も把握できます。
5) テスト動作それ自体が経絡のストレッチになっているため、分析結果はそのままで必要な治療やストレッチを示しています。
6) 治療やストレッチの効果を評価するために使用することができます。
7) テストは誰にでも簡単に施行でき、しかも再現性にすぐれているので、スポーツ選手自身でも動きの面からみた経絡の異常を診断することができ、結果をストレッチなどにすぐに応用することができます。
8) 異常がみられた経絡をストレッチすることで、体幹中心軸を含めた身体全体のバランスを整えることが可能となります。

*5　マルアライメント
　O脚、偏平足や外反母趾などの骨格配列異常のことをさします。これらは、スポーツ傷害の誘因になります。

[4] 経絡テストの応用

①経絡テストとストレッチ(4)

　経絡テストの個々の動きで引き起こされる異常を修正するストレッチを選ぶ場合、その動きをそのままストレッチとして工夫しましょう。図1-24に身体前面の経絡テストの動きと、従来のストレッチとを対比して示しました。この対比で明らかなように、これまでのストレッチを経絡テストにもとづいて分類し直せば、経絡に対するストレッチが理解でき、応用が可能となります。また、異常の見つ

3. 経絡テスト

図1-21　陸上選手のランニングフォームと経絡テスト

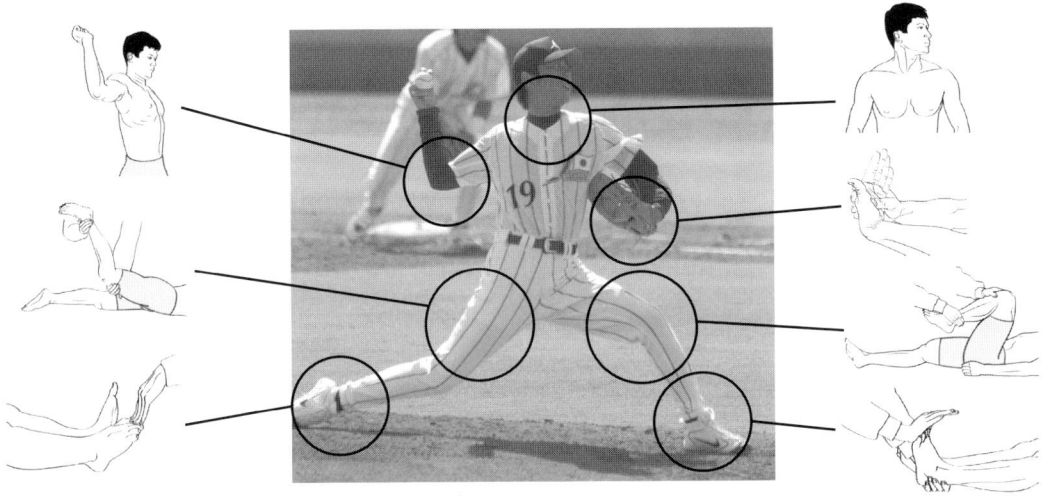
図1-22　ピッチャーの投球フォームと経絡テスト

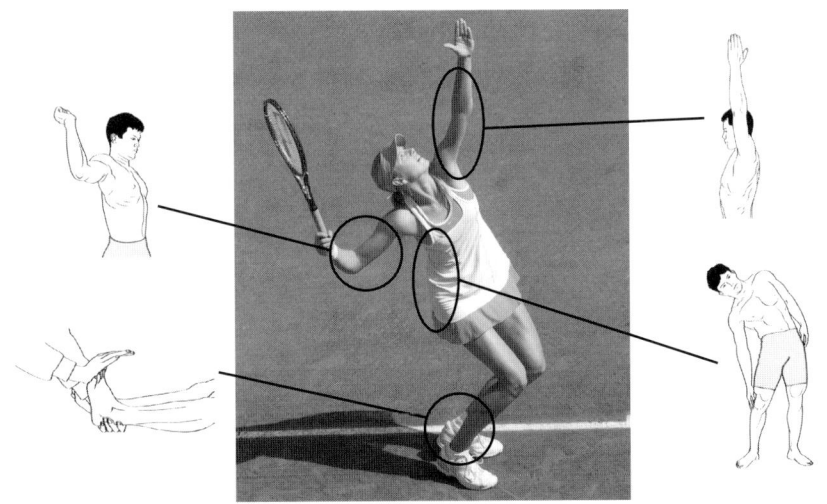
図1-23　テニスのサービスのフォームと経絡テスト

（図1-21〜23、PHOTO KISHIMOTO 提供）

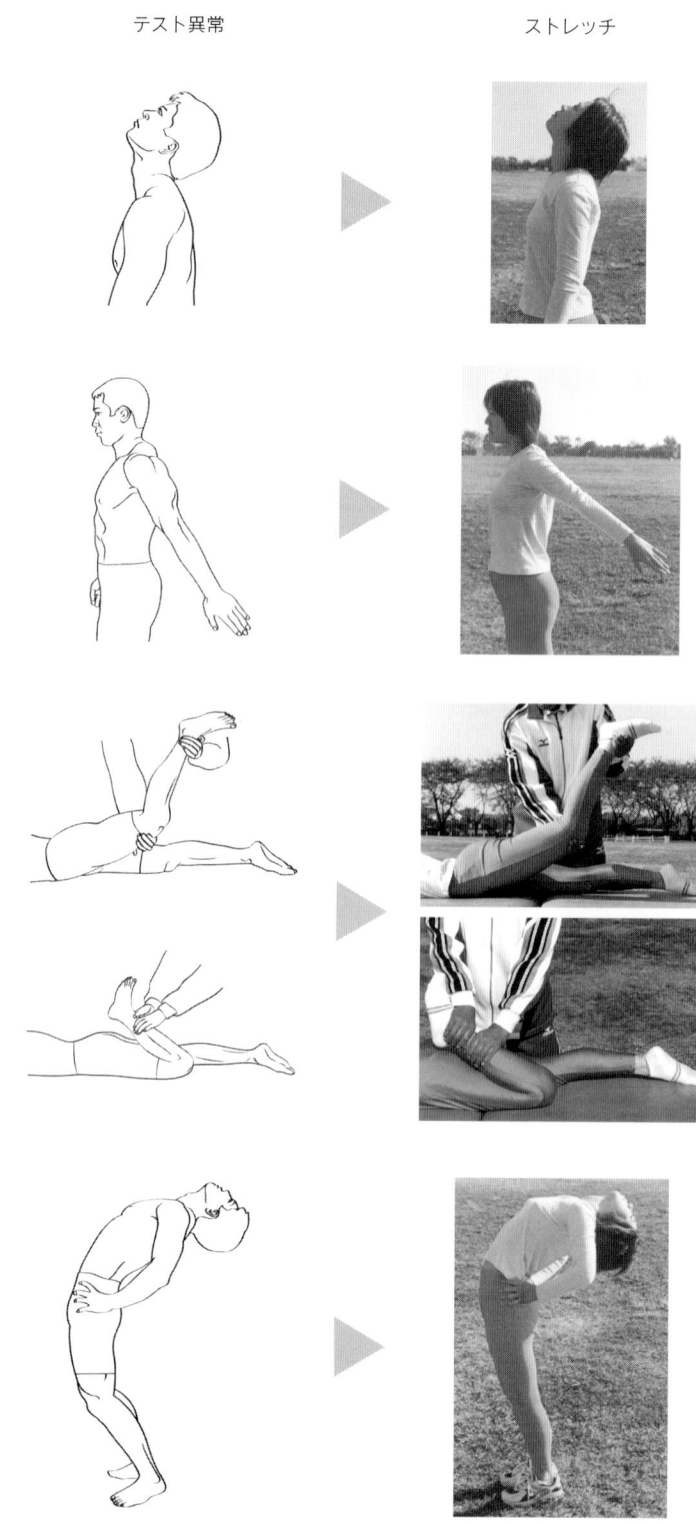

図1-24　経絡テストの前面の動きとストレッチ

かった経絡上の経穴を軽く押しながらストレッチを行うと、ストレッチに伴う痛みやつっぱり感が軽減し、可動域が容易に広がります。

経絡ストレッチの具体的な方法については、第2章を参照してください。

② コンディショニングにおける利点

経絡テストには、以下のようなコンディショニング上の利点があります。

1) 自覚していない部位の異常や疲労を容易に、即座に、正確に判定することができます。
2) 競技の前や競技の途中で応用すると、自覚していない異常をチェックして、修正することができます。つまり、その日のコンディションに合わせてストレッチやマッサージができるということです。
3) 競技のたびにテストをする習慣を身につけると、調子のよいときとよくないときの差を知ることができ、コンディションを整えるためにどの部位のストレッチやマッサージなどをすべきかがわかってきます。
4) 合宿やキャンプなどでハードなトレーニングを繰り返す場合に、自覚していない疲労部位も知ることができます。それに対応した処置をこまめに行うことで、けがの予防にもつながります。
5) 疲労の軽減ができるので、合宿やキャンプなどのハードなトレーニングをより正確に行え、トレーニング効果をあげることができます。
6) スポーツ活動中のどの動作が滑らかでないかを感じ取る感覚をみがけば、その動きで伸展負荷がかかる経絡を知ることができます。その結果、その動きを修正するストレッチやマッサージが必要な部位がわかります。

③ パフォーマンス向上に対する効果

経絡テストを行うことで、以下のようなパフォーマンス向上の効果も期待できます。

1) それぞれのスポーツにおける特徴的なフォームと経絡への負荷との関係を推測できます。日常的に取り入れることで、どのような対策を必要とするかを予測することができます。
2) テストの結果にもとづくストレッチやマッサージ、鍼などは、動きの基礎となっている関節や筋肉の連携を滑らかにするこができるので、自身が描いているイメージ通りに身体を動かすことができるようになります。
3) 関節や筋肉の連携の滑らかさが実現できると、ふだんもっている能力を継続して最大限に発揮することも可能になり、その上、心身の疲れも少なくなります。

□文　献

(1) 橋本敬三『万病を治せる妙療法―操体法』農山漁村文化協会、東京、1978
(2) 向野義人他『経絡テスト』医歯薬出版、東京、1999
(3) 向野義人『経絡テストによる診断と鍼治療』医歯薬出版、東京、2002
(4) 向野義人編著『スポーツ鍼灸ハンドブック』文光堂、東京、2003

とっておきの話 ◆ 経絡ストレッチ講習

インターハイに選手を何人も送り出している高校の経絡ストレッチの講習会でのようすです。まず最初に、経絡の説明をした後、経絡テストを試みてみました。「この中で腰の痛い人はいますか？」と質問してみると、3割近い選手の手が挙がりました。それから、「肩幅に足を広げ、ゆっくりと身体を前に倒して、手先が床にどのくらい着くか調べてください」というと、床から10cm以上離れている選手、手のひらがピタッと床に着く選手とさまざまでした。「そのときの感覚を覚えておいてください。腰が痛かったり、つっぱり感があったり、異常な感覚があったらそれも覚えておいてください」と説明して、次に移ります。

「今度は後ろに反ってみましょう」というと、曲がらずに「ウーッ」と唸り声を出す選手、弓なりになりブリッジさえできそうな選手、これまたさまざまでした。身体を元に戻してもらってから、どちらの方がつらかったか聞いてみました。「前に曲げた方がつらかった人、手を挙げてください」というと、半数近くの手が挙がり、「後ろに反る方がつらかった人、手を挙げてください」というと、これまた半数近くの選手の手が挙がりました。

そして、「どうですか、これだけ個人差があるのに同じストレッチをしてもいいでしょうか」、「……」、「個人に合ったストレッチが必要だとは思いませんか」というと、なんとなく「そうですね」という雰囲気が感じられました。

その後、「それでは前に曲げて違和感や痛みがある人は前面に問題があるのでしょうか、後面に問題があるのでしょうか」と聞いてみると、しばらく間があって、「後ろ」と何人かの選手が答えました。「正解。それでは前曲げで腰や脚につっぱり感があった人は脚の後面をストレッチしてみましょう」と告げて、長座位または立位で脚の後面をゆっくりとストレッチさせました。

「ふつうに呼吸しながら、ゆっくりと伸ばします。つっぱり感がある程度にしてください。ギュウギュウ痛いほど伸ばさないでください。どうですか、伸ばし続けているとスーッと楽になる地点がやってくるでしょう。そこまで伸ばし続けましょう。どうですか、楽になりましたか」

このようにして両下肢後面をストレッチした後、もう一度、前屈をしてもらいました。そうすると、あちこちから「すごーい」「曲がる」という声が聞こえてきました。10cm以上も可動域が変わる選手も出てきます。「腰のようすはどうですか」と聞いてみると、「あっ！ 楽だ」という声があがりました。こうして即効性があるストレッチにビックリし、後屈で違和感のある人は同様にして大腿前面を伸ばすと見違えるように後屈が楽になりました。「この方法でストレッチすると腰の痛みは解消されますよ。毎日実施しましょう」、「下肢の前面を主に伸ばすか、後面を伸ばすか、割合を考えてやりましょう」

このようにして、経絡ストレッチを理解してもらい、自己管理がしっかりできるようになることの重要性を強調しました。指導者を対象にした講習会でも同様に感激の声があがります。

実はこの中に、後にインターハイに出場したもののひどい腰痛で、殿部に神経症状が出る選手がいました。風呂上がりにストレッチを1日30〜40分間徹底的に行った結果、3年次にはまったく腰痛が出なくなり、再びインターハイに出場することができるようになりました。これは、自分に適したストレッチを実施することで腰痛の解消が図れるよい例といえるでしょう。

（朝日山一男）

経絡テスト

経絡ストレッチ

経絡ストレッチの実際 第2章

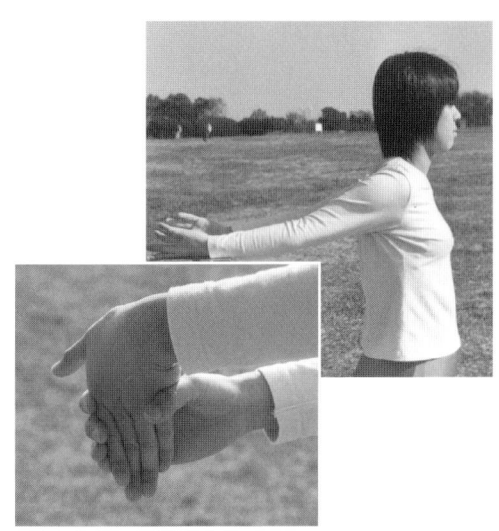

1. 経絡ストレッチとは

　経絡テストは、本書の著者の一人である向野が開発したもので、それにともなう経絡ストレッチは、経絡テストにもとづいて発現された、痛み、つっぱり感、違和感などによる動きの制限を引き起こしている経絡部位のストレッチを行うことによって、動きの改善を図るものです（図2-1）。

　この経絡ストレッチは、経絡が走行している筋肉をたんにストレッチすればよいというものではありません。まず経絡テストで全身の動きをチェックして異常のある経絡を探り当て、その異常部位をストレッチするもので、個々の身体特性や動きを考慮したストレッチであるといえます。これによって、スポーツや日常生活における疲労や異常な動きを即座に判断することができ、傷害の予防や治療に役立てることができます。

　さらに、経絡ストレッチを実施することで、スポーツに重要な軸づくりが可能になります。経絡ストレッチに加え、軸づくり運動（第3章参照）、スポーツ種目に応じた動きづくり（第4章参照）を行うことで、効率的な動きづくりが可能になります。

※経絡ストレッチは、種々の運動の前、運動の合間、運動の後と随時導入するとよいでしょう。

［1］経絡ストレッチの特徴

　従来のストレッチは、局所的な観点から目的の筋肉へアプローチすることが主でした。しかし、スポーツ動作ではいくつもの関節が連動しており、総合的な動作から問題点を探らなくてはなりません。これまで、このことがあまり重視されてきませんでした。経絡ストレッチは、以下のような疑問にも配慮したものです。
①自らの動きの問題点を修正し効率のよい動きができるストレッチはないか。
②自らの動きの問題点を察知し、傷害を予防するストレッチはないか。
③傷害が発生したとき、治療に結びつくストレッチはないか。

頸部左側屈の経絡テストで肩の痛みを発現

上肢外側面の経絡ストレッチ

図2-1　経絡テストと経絡ストレッチ

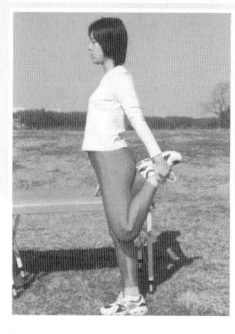

図 2-2 どのようなストレッチが有効か
　経絡ストレッチを行う際には自分にはどのようなストレッチが有効なのかを考えて行う。

　実際に行う場合には、図 2-2 のように、自分にはどのようなストレッチが適切なのかを考えて行います。
　こうして、経絡が人体の多関節の動きの連動性に関与していることから経絡ストレッチを考案したのですが、それには次のような特徴があります。
①簡単な経絡テストで動きの異常がわかり、効率的なストレッチができる。
②個人に合わせたコンディショニングができる。
③疲労や傷害が発生した場合でも、どのような動きに異常があるか発見でき、異常部位をストレッチすることで治療に役立つ。
④スポーツ種目の違いや個人差による異常が判断でき、個々に合ったストレッチができる。
⑤フォームのアンバランスのチェックができ、フォームの修正やアンバランスによる負荷の軽減に役立つ。
⑥軸のぶれが原因となっている身体の異常を見つけ出し、軸づくりを可能にする。
⑦自覚のない動きの異常や疲労などが分析でき、どの部位にアプローチすればよいかが判断でき、疲労回復やパフォーマンスの向上に役立つ。
⑧経絡テストによる診断から、即経絡ストレッチの治療に結びつけられる。
⑨理学テストとの共通性があるため、チーム医療に役立てることができる。

［2］経絡ストレッチの原則

　　次のような原則を考慮に入れて行うと、効率的で効果的なものになります。
①経絡テストで、すべての動きをチェックする。
②まず、制限の強い経絡をストレッチする。
③上下肢におよぶ異常があるならば、下肢からの治療原則にしたがう。
④体幹の異常も四肢からストレッチするが、効果が出にくい場合は、最後に中心軸をストレッチする（四肢をストレッチすることで中心軸へのアプローチが可

能となるが、体幹をストレッチすることで「軸づくり」が確実になる）。
⑤制限の強い経絡上の経穴、もしくは圧痛点を押してみて動きがよくなれば、そのエリアのストレッチは有効であるとみなす。
⑥最後に局所のストレッチを選んで行う。
⑦経絡ストレッチで効果がなければ、どこに原因があるか精査を行う。
※体幹、頸部などの後屈で異常がある場合は前面、前屈の場合は後面、右側屈の場合は左側面を制限経絡といい、この部位をストレッチします。

[3] 経絡ストレッチにおける注意事項

経絡ストレッチは、静的なストレッチを基本においていますが、安全に、しかも効果を確実なものにするには、ただ伸ばせばよいというものではありません。以下のようなことに留意して行うことが重要となります。

①すべての動きを経絡テストでチェックする（意外な部位の異常が発見できることもある。上肢の異常は下肢の異常からくる場合がある）。
②制限経絡が見つかったら、できるだけ四肢の末端のストレッチから行う。そして最後に体幹を行う。
③息を吐きながらゆっくりと伸ばし、つっぱり感を感じたところで止める。止めている間はふつうに呼吸を行う（図2-3）。
④ストレッチの時間は、伸展させた状態でつっぱり感や痛みが消失するか、減弱するまで伸ばすと効果が高い。個人差があるので、その時間はまちまちである。
⑤ストレッチが終わったら、経絡テストで制限があった姿位でもう一度テストをし、改善されたかどうかを確認する。
⑥体幹の経絡テストを必ず行う。
⑦経絡テストで発現される、制限、痛み、つっぱり感、違和感、だるさの部位がどこであれ、経絡テストで伸展されている側の経絡をストレッチする。たとえば、体幹左側屈で腰部に痛みがあれば、痛みが右であっても左であっても、右外側面の足の少陽胆経（図1-7参照）をストレッチする。

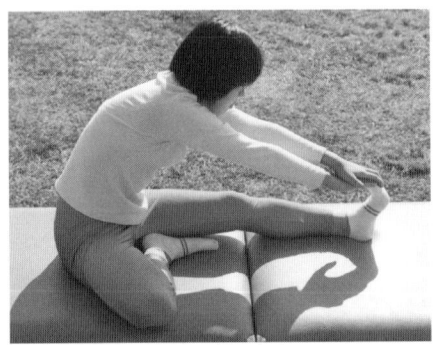

図 2-3 経絡ストレッチの留意点
ストレッチを行う際には、息を吐きながらゆっくり伸ばし、つっぱり感を感じたところで止める。つっぱり感が軽減するまで、ふつうに呼吸をしながら伸ばし続ける。

2. 経絡ストレッチの実際

　たとえ、経絡の走行、あるいは筋肉の細かな内容が十分に理解できていなかったとしても、四肢や体幹を前面、後面、側面に分けて考えることができれば、経絡ストレッチは行うことができます。もちろん、経絡や筋肉を理解していれば、さらに深く動きと絡めた理解が可能になります。

[1] 伸ばす部位はエリアで考えよう

　先にも述べましたが、経絡について詳細にわからなくてもかまいません。基本姿位は、「気をつけ」です。図2-4のような姿勢が基本となります。

　経絡は、四肢、体幹ともに前面、後面、側面を走行しており、経絡テストによって前面、後面、側面のいずれかにある問題部位を特定することができます。

　そのため、経絡ストレッチにおいても前面、後面、側面にある筋肉をストレッチすればよいことになります（経絡の走行エリアについては、第1章参照）。

[2] 経絡ストレッチの手順

　経絡テストは、単純なテストによって制限のある経絡が診断でき、経絡ストレッチで、その制限のある経絡走行部位をストレッチします。たとえば、前屈したときに動きの制限があれば（図2-5）、後面に異常があると考え、後面をストレッチします。

　経絡ストレッチは、以下の①～③のような手順で行います。

①すべての動きを経絡テストでチェックする（自己診断）

　動きの制限、痛み、つっぱり感、だるさはないか――上肢、体幹、下肢などの前面、後面、側面を伸展させ、どの動きに制限があるかチェックします（図

図2-4 「気をつけ」がストレッチの基本姿位

図2-5 制限部位を診断してストレッチ
　左のように前屈をしたときに制限があれば、右のように両脚後面をストレッチする。

第 2 章　経絡ストレッチの実際

| 経絡テスト〈自己診断〉 | 制限部位（両下肢前面）のストレッチ〈予防および治療〉 | ストレッチの効果の確認〈効果判定〉 |

図 2-6　経絡テストとストレッチ

1-19 参照）。
②制限の多い経絡部位をストレッチする（予防および治療）
　図 2-6 の場合では、両下肢前面のストレッチが主となります（3 セット程度行うと効果が高くなります）。
③ストレッチ後の効果を判定する（効果判定）
　経絡テストを行った姿位でもう一度、動きの制限、痛み、つっぱり感、だるさの緩解、消失を確認します。

※効果がない場合は、①目的の経絡走行部位が正しくストレッチされていない、②反動をつけたりオーバーストレッチになったため反射が働いた、③ストレッチ時間が短すぎる、④経絡テストが正確でなく、本当に必要な部位のストレッチがなされなかったなどが考えられます。

［3］身体軸へのアプローチ

　身体の動きで最も重要なのは軸づくりであるといえます。手足および体幹の異常は、軸のずれからくるアンバランスな負荷がかかった結果ともいえます。
①脊柱の軸を支える 2 脈（任脈、督脈）と帯脈、経絡との関連
　軸に関係する経絡は、奇経八脈に属する任脈、督脈、帯脈です。しかし 12 脈はこれら 3 つの経絡に集約できる動きの関連性をもって存在しており、四肢、体幹いずれからでも軸へのアプローチが可能となります（第 1 章 P.14 ～ 17 参照）。
　ここでは、軸の調節に必要な関連経絡をまとめてみました。

※任脈は、体幹前面正中を走行し、肺経・大腸経、脾経・胃経を統括する中心軸の役割をはたしており、前面の伸展動作に関わっています（図 1-5 参照）。
　督脈は、体幹後面中央を走行し、心経・小腸経、腎経・膀胱経を統括する中心軸の役割をはたしており、後面の伸展動作に関わっています（図 1-6 参照）。
　帯脈は、腰の周りを一周し、心包経・三焦経、肝経・胆経を統括する中心軸の役割をはたしており、側屈、捻転動作に関わっています（図 1-7 参照）。

②仕上げは軸づくりの経絡ストレッチで
　四肢の経絡ストレッチによって軸を調節することが可能ですが、体幹の動きに

図 2-7　体幹の経絡テスト→経絡ストレッチ

もとづく経絡ストレッチを行うことによって、さらによりよい軸づくりが可能になります。これには体幹の前屈、後屈、側屈、回旋で経絡テストを行い、その後、体幹の経絡をストレッチすることです（図2-7）。こうすれば効果を高めることができます。

[4] 部位別経絡ストレッチ

　経絡テストは、痛み、つっぱり感、違和感、だるさが、どのような姿位で発現するかをテストするものです。このテストにもとづく経絡ストレッチは、異常な感覚が発現する姿位を考慮に入れ、どこの経絡をストレッチすればよいかを決定しなくてはなりません。

　そこで、この章では経絡テストで発現する異常感覚の姿位に対して、どの経絡部位をストレッチすればよいかを示すことにします。たとえば、頸部を前屈させたとき、頸部や肩などにつっぱり感を感じた場合、上肢の後面を走行している手の太陽小腸経、手の少陰心経を主にストレッチします（P.40参照）。もし、それで効果があまり得られない場合は、関連経絡である下肢の後面を走行する太陽膀胱経、少陰腎経をストレッチするとよいでしょう（P.41参照）。

　以下、部位別の経絡ストレッチでは、経絡テストで発現する異常感覚の姿位の一つ一つに対するストレッチを対応させてみました。

第2章　経絡ストレッチの実際

①頸部の経絡ストレッチ —— 前屈・後屈で異常がある場合

▶前　屈◀

■ストレッチされる主たる
　経絡（後面）
　手の太陽小腸経（両側）
　手の少陰心経（両側）
　督　脈
■関連経絡（後面）
　脚の太陽膀胱経（両側）
　脚の少陰腎経（両側）

▶後　屈◀

■ストレッチされる主たる
　経絡（前面）
　手の陽明大腸経（両側）
　手の太陰肺経（両側）
　任　脈
■関連経絡（前面）
　脚の陽明胃経（両側）
　脚の太陰脾経（両側）

主たる経絡ストレッチ部位

[両上肢後面]

尺側手根屈筋／尺側手根伸筋
　手関節を橈屈（母指側に曲げる）し、反対側の手で曲げを強調すると前腕後面が伸びやすい。

[両上肢前面]

橈側手根屈筋／長橈側手根伸筋／短橈側手根伸筋／長母指外転筋
　手関節を尺屈（小指側に曲げる）し、反対側の手で曲げを強調すると、前腕前面が伸びやすい。

上腕三頭筋／肘筋／広背筋／大円筋／三角筋後部
　肩と肘を屈曲させ、反対側の手で肘を後方に引くように伸ばすと、上腕後面が伸びやすい。

上腕二頭筋／烏口腕筋／三角筋前部／大胸筋
　肩関節を伸展させると同時に、台に置いた手を下方に押しつけると上肢前面が伸びやすい。

2. 経絡ストレッチの実際

関連経絡ストレッチ部位

[両下肢後面]

大腿二頭筋／半腱様筋／半膜様筋／大殿筋
下肢を台に置き、体幹を前屈すると大腿後面が伸びやすい。

下腿三頭筋／後脛骨筋／長指屈筋／長母指屈筋／長腓骨筋／短腓骨筋／足底筋
足関節を背屈させ、足裏を壁などに押しつけると下腿後面が伸びやすい。

[両下肢前面]

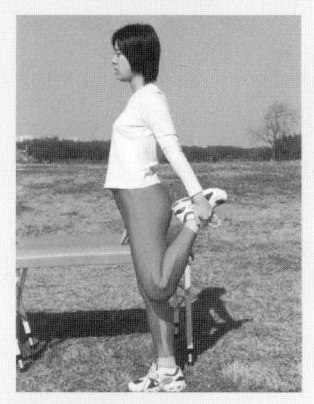

大腿四頭筋／縫工筋／腸腰筋
曲げた下肢を後方に引くと同時に上体を反らすと大腿前面が伸びやすい。

大腿四頭筋／縫工筋／腸腰筋
上体を起こし股関節を伸展させ、腰を落とすと大腿前面が伸びやすい。

パートナーストレッチ部位

[両上肢後面]

上腕三頭筋／肘筋／広背筋／大円筋／三角筋後部
肩関節を固定し上肢を後方に引くと上肢後面が伸びやすい。肩関節を前方に押し出すと脱臼の危険性があるので固定するようにする。
※両下肢後面もするとよい。

[両上肢前面]

上腕二頭筋／烏口腕筋／三角筋前部／大胸筋
肩関節を伸展させ、後ろ上方にゆっくり引くと上肢前面が伸びやすい。
※両下肢前面もするとよい。

①頸部の経絡ストレッチ ── 側屈・回旋で異常がある場合

▶側屈（右）◀

■ストレッチされる主たる経絡（外側面）
 手の少陽三焦経（左）
 手の厥陰心包経（左）
■関連経絡（外側面）
 脚の少陽胆経（左）
 脚の厥陰肝経（左）

▶回旋（右）◀

■ストレッチされる主たる経絡（前面）
 手の陽明大腸経（左）
 手の太陰肺経（左）
 任　脈
■関連経絡（前面）
 脚の陽明胃経（左）
 脚の太陰脾経（左）

主たる経絡ストレッチ部位

[左上肢外側面]

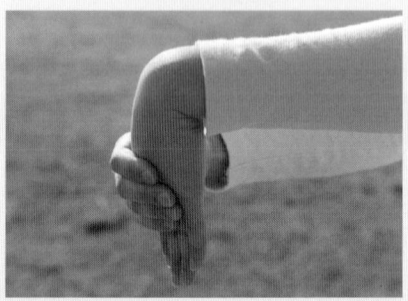

腕橈骨筋／長橈側手根伸筋／短橈側手根伸筋／指伸筋／小指伸筋／尺側手根伸筋／回内筋／示指伸筋／長母指外転筋／長母指伸筋／短母指伸筋

　手関節を掌屈（手のひら側に曲げる）し、反対側の手で曲げを強調し肘関節を伸展させると上腕外側面が伸びやすい。

上腕三頭筋／棘下筋／広背筋／小円筋

　抱えた上腕を右外側に引くようにすると上腕外側面が伸びやすい。

[左上肢前面]

橈側手根屈筋／長橈側手根伸筋／短橈側手根伸筋／長母指外転筋

　手関節を尺屈（小指側に曲げる）し、反対側の手で曲げを強調すると、前腕前面が伸びやすい。

上腕二頭筋／烏口腕筋／三角筋前部／大胸筋

　肩関節を伸展させると同時に、台に置いた手を下方に押しつけると上肢前面が伸びやすい。

2．経絡ストレッチの実際

関連経絡ストレッチ部位

[左体幹外側面]

脊柱起立筋／外腹斜筋／内腹斜筋／腹横筋／腹直筋／腰方形筋／大腿筋膜張筋／中殿筋／腸脛靭帯
殿部を突き出し、体側から下肢が伸びるようにする。

[左下肢外側面]

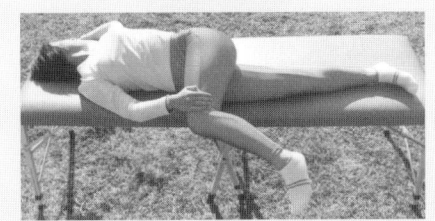

脊柱起立筋／外腹斜筋／内腹斜筋／腹横筋／腹直筋／腰方形筋／大腿筋膜張筋／中殿筋／大殿筋／小殿筋／腸脛靭帯
右足部が頭部と一直線になるように右股関節をやや内転させる。左の股関節、膝関節を屈曲させ右側に倒す。右手で左膝を引き、左手は横にして、肩を上げないようにする。捻りの角度を浅くすると殿筋群、下肢外側面が伸び、深くすると腰背部のストレッチになる。

[左下肢前面]

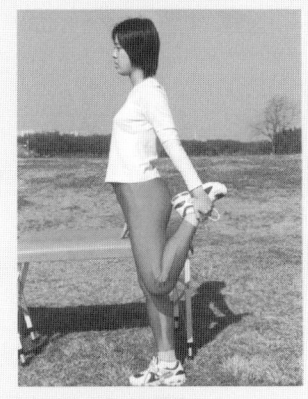

大腿四頭筋／縫工筋／腸腰筋
曲げた下肢を後方に引くと同時に上体を反らすと大腿前面が伸びやすい。

大腿四頭筋／縫工筋／腸腰筋
上体を起こし股関節を伸展させ、腰を落とすと大腿前面が伸びやすい。

パートナーストレッチ部位

[左上肢外側面]

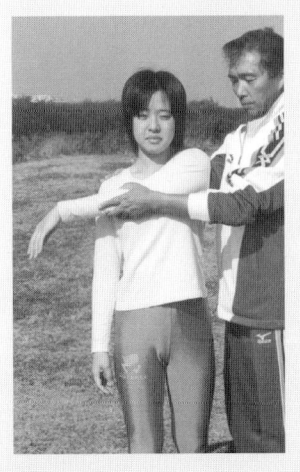

上腕三頭筋／棘下筋／広背筋／小円筋
身体が捻れないように肩関節を固定し、上肢を水平屈曲させ、上肢を体側に引きつけると上肢外側面が伸びやすい。
※左下肢外側面も行うとよい。

[左上肢前面]

上腕二頭筋／烏口腕筋／三角筋前部／大胸筋
※左下肢前面も行うとよい。

※左側屈の場合は右外側面にアプローチする。　　　　※左回旋の場合は右前面にアプローチする。

①頸部の経絡ストレッチ —— 頸斜後屈・頸斜前屈で異常がある場合

▶右頸斜後屈◀

■ストレッチされる主たる経絡（前面）
手の陽明大腸経（左）
手の太陰肺経（左）
任　脈
■関連経絡（前面）
脚の陽明胃経（左）
脚の太陰脾経（左）

▶右頸斜前屈◀

■ストレッチされる主たる経絡（後面）
手の太陽小腸経（左）
手の少陰心経（左）
督　脈
■関連経絡（後面）
脚の太陽膀胱経（左）
脚の少陰腎経（左）

主たる経絡ストレッチ部位

[左上肢前面]

橈側手根屈筋／長橈側手根伸筋／短橈側手根伸筋／長母指外転筋
手関節を尺屈（小指側に曲げる）し、反対側の手で曲げを強調すると、前腕前面が伸びやすい。

上腕二頭筋／烏口腕筋／三角筋前部／大胸筋
肩関節を伸展させると同時に、台に置いた手を下方に押しつけると上肢前面が伸びやすい。

[左上肢後面]

尺側手根屈筋／尺側手根伸筋
手関節を橈屈（母指側に曲げる）し、反対側の手で曲げを強調すると前腕後面が伸びやすい。

上腕三頭筋／肘筋／広背筋／大円筋／三角筋後部
肩と肘を屈曲させ、反対側の手で肘を後方に引くように伸ばすと、上腕後面が伸びやすい。

2. 経絡ストレッチの実際

関連経絡ストレッチ部位

[左下肢前面]

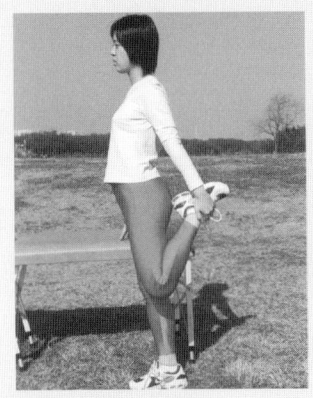

大腿四頭筋／縫工筋／腸腰筋
曲げた下肢を後方に引くと同時に上体を反らすと大腿前面が伸びやすい。

大腿四頭筋／縫工筋／腸腰筋
上体を起こし股関節を伸展させ、腰を落とすと大腿前面が伸びやすい。

[左下肢後面]

大腿二頭筋／半腱様筋／半膜様筋／大殿筋
下肢を台に置き、体幹を前屈すると大腿後面が伸びやすい。

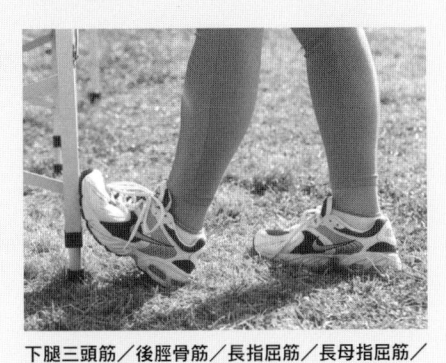

下腿三頭筋／後脛骨筋／長指屈筋／長母指屈筋／長腓骨筋／短腓骨筋／足底筋
足関節を背屈させ、足裏を壁などに押しつけると下腿後面が伸びやすい。

パートナーストレッチ部位

[左上肢前面]

上腕二頭筋／烏口腕筋／三角筋前部／大胸筋
右手で肩関節を固定し、左肩関節を伸展させて上肢前面を伸ばす。肩関節を前に押し出すと脱臼しやすいので固定するようにする。
※左下肢前面も行うとよい。

[左上肢後面]

上腕三頭筋／肘筋／広背筋／大円筋／三角筋後部
肩関節を固定し上肢を後方に引くと上肢後面が伸びやすい。肩関節を前方に押し出すと脱臼の危険性があるので固定するようにする。
※左下肢後面も行うとよい。

※左頸斜後屈の場合は右前面にアプローチする。　　※左頸斜前屈の場合は右後面にアプローチする。

②肩および上肢の経絡ストレッチ ── 肩関節の屈曲・伸展で異常がある場合

▶右肩関節の屈曲◀

■ストレッチされる主たる経絡（後面）
手の太陽小腸経（右）
手の少陰心経（右）

■関連経絡（後面）
脚の太陽膀胱経（右）
脚の少陰腎経（右）

▶右肩関節の伸展◀

■ストレッチされる主たる経絡（前面）
手の陽明大腸経（右）
手の太陰肺経（右）

■関連経絡（前面）
脚の陽明胃経（右）
脚の太陰脾経（右）

主たる経絡ストレッチ部位

[右上肢後面]

尺側手根屈筋／尺側手根伸筋
手関節を橈屈（母指側に曲げる）し、反対側の手で曲げを強調すると前腕後面が伸びやすい。

上腕三頭筋／肘筋／広背筋／大円筋／三角筋後部
肩と肘を屈曲させ、反対側の手で肘を後方に引くように伸ばすと、上腕後面が伸びやすい。

[右上肢前面]

橈側手根屈筋／長橈側手根伸筋／短橈側手根伸筋／長母指外転筋
手関節を尺屈（小指側に曲げる）し、反対側の手で曲げを強調すると、前腕前面が伸びやすい。

上腕二頭筋／烏口腕筋／三角筋前部／大胸筋
肩関節を伸展させると同時に、台に置いた手を下方に押しつけると上肢前面が伸びやすい。

2. 経絡ストレッチの実際

関連経絡ストレッチ部位

[右下肢後面]

大腿二頭筋／半腱様筋／半膜様筋／大殿筋
下肢を台に置き、体幹を前屈すると大腿後面が伸びやすい。

下腿三頭筋／後脛骨筋／長指屈筋／長母指屈筋／長腓骨筋／短腓骨筋／足底筋
足関節を背屈させ、足裏を壁などに押しつけると下腿後面が伸びやすい。

[右下肢前面]

大腿四頭筋／縫工筋／腸腰筋
曲げた下肢を後方に引くと同時に上体を反らすと大腿前面が伸びやすい。

大腿四頭筋／縫工筋／腸腰筋
上体を起こし股関節を伸展させ、腰を落とすと大腿前面が伸びやすい。

パートナーストレッチ部位

[右上肢後面]

上腕三頭筋／肘筋／広背筋／大円筋／三角筋後部
肩関節を固定し上肢を後方に引くと上肢後面が伸びやすい。肩関節を前方に押し出すと脱臼の危険性があるので固定するようにする。
※右下肢後面もするとよい。

[右上肢前面]

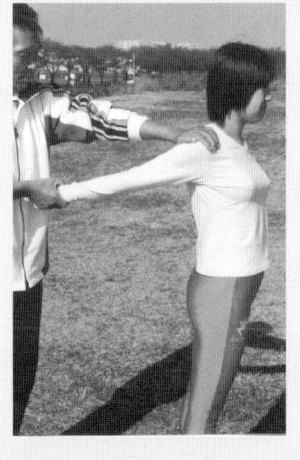

上腕二頭筋／烏口腕筋／三角筋前部／大胸筋
左手で肩関節を固定し、右肩関節を伸展させて上肢前面を伸ばす。肩関節を前に押し出すと脱臼しやすいので固定するようにする。
※右下肢前面も行うとよい。

※左肩関節屈曲の場合は左後面にアプローチする。　　　※左肩関節伸展の場合は左前面にアプローチする。

②肩および上肢の経絡ストレッチ ── 肩関節の水平屈曲・水平伸展で異常がある場合

▶右肩関節の水平屈曲◀

■ストレッチされる主たる経絡（外側面）
　手の少陽三焦経（右）
■関連経絡（外側面）
　脚の少陽胆経（右）

▶右肩関節の水平伸展◀

■ストレッチされる主たる経絡（内側面）
　手の厥陰心包経（右）
■関連経絡（内側面）
　脚の厥陰肝経（右）

主たる経絡ストレッチ部位

[右上肢外側面]

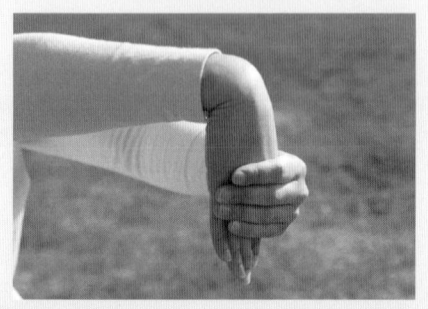

腕橈骨筋／長橈側手根伸筋／短橈側手根伸筋／指伸筋／小指伸筋／尺側手根伸筋／回内筋／示指伸筋／長母指外転筋／長母指伸筋／短母指伸筋

　手関節を掌屈（手のひら側に曲げる）し、反対側の手で曲げを強調し肘関節を伸展させると上腕外側面が伸びやすい。

[右上肢内側面]

橈側手根屈筋／長掌筋／尺側手根屈筋／浅指屈筋／円回内筋／長母指屈筋／深指屈筋／方形回内筋

　手関節を背屈（手の甲側に反らす）させ、前腕の内側面が伸びるように反対の手で曲げを強調する。

上腕三頭筋／棘下筋／広背筋／小円筋

　抱えた上腕を左外側に引くようにすると上腕外側面が伸びやすい。

上腕二頭筋／烏口腕筋／大胸筋／肩甲下筋／三角筋前部

　肩関節を水平伸展させ上肢の内側面が伸びるように壁などに押しつけて行う。

2. 経絡ストレッチの実際

関連経絡ストレッチ部位

[右体幹外側面]

脊柱起立筋／外腹斜筋／内腹斜筋／腹横筋／腹直筋／腰方形筋／大腿筋膜張筋／中殿筋／腸脛靭帯

殿部を突き出し、体側から下肢にかけてが伸びるようにする。右下肢外側面も行うとよい。

[右下肢内側面]

薄筋／大内転筋／短内転筋／長内転筋／恥骨筋

体幹を前に倒すと内側面が伸びやすい。

[右下肢外側面]

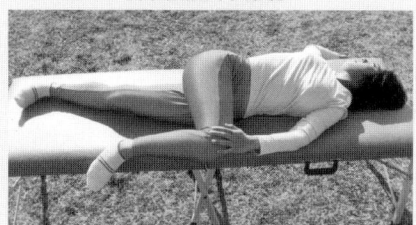

脊柱起立筋／外腹斜筋／内腹斜筋／腹横筋／腹直筋／腰方形筋／大腿筋膜張筋／中殿筋／大殿筋／小殿筋／腸脛靭帯

左足部が頭部と一直線になるように左股関節をやや内転させる。右の股関節、膝関節を屈曲させ左側に倒す。左手で右膝を引き、右手は横にして、肩を上げないようにする。捻りの角度を浅くすると殿筋群、下肢外側面が伸び、深くすると腰背部のストレッチになる。

パートナーストレッチ部位

[右上肢外側面]

上腕三頭筋／棘下筋／広背筋／小円筋

身体が捻れないように肩関節を固定し、上肢を水平屈曲させ、上肢を体側に引きつけると上肢外側面が伸びやすい。
※右下肢外側面も行うとよい。

[右上肢内側面]

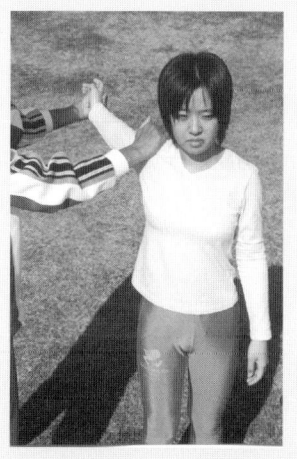

上腕二頭筋／烏口腕筋／大胸筋／肩甲下筋／三角筋前部

肩関節を後方から前方に押し込むと脱臼しやすいので、肩関節を固定してから上肢を後方に引くようにする。
※右下肢内側面も行うとよい。

※左肩関節水平屈曲の場合は左外側面にアプローチする。　　※左肩関節水平伸展の場合は左内側面にアプローチする。

③腰部の経絡ストレッチ —— 前屈・後屈で異常がある場合

▶前　屈◀

■ストレッチされる主たる経絡（後面）
脚の太陽膀胱経（両側）
脚の少陰腎経（両側）
督　脈
■関連経絡（後面）
手の太陽膀胱経（両側）
手の少陰心経（両側）

▶後　屈◀

■ストレッチされる主たる経絡（前面）
脚の陽明胃経（両側）
脚の太陰脾経（両側）
任　脈
■関連経絡（前面）
手の陽明大腸経（両側）
手の太陰肺経（両側）

主たる経絡ストレッチ部位

[両下肢後面]

大腿二頭筋／半腱様筋／半膜様筋／大殿筋
　下肢を台に置き、体幹を前屈すると大腿後面が伸びやすい。

[両下肢前面]

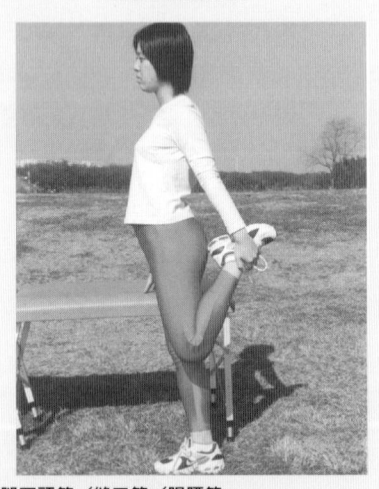

大腿四頭筋／縫工筋／腸腰筋
　曲げた下肢を後方に引くと同時に上体を反らすと大腿前面が伸びやすい。

[体幹後面]

脊柱起立筋
　両下肢の間に体幹を埋め、腰背部が伸びる感覚をつかむ。

[体幹前面]

腹直筋／外腹斜筋／内腹斜筋／腹横筋
　胸腹部が伸びるように体幹を反らす。

2. 経絡ストレッチの実際

関連経絡ストレッチ部位

[両上肢後面]

尺側手根屈筋／尺側手根伸筋
手関節を橈屈（母指側に曲げる）し、反対側の手で曲げを強調すると前腕後面が伸びやすい。

上腕三頭筋／肘筋／広背筋／大円筋／三角筋後部
肩と肘を屈曲させ、反対側の手で肘を後方に引くように伸ばすと、上腕後面が伸びやすい。

[両上肢前面]

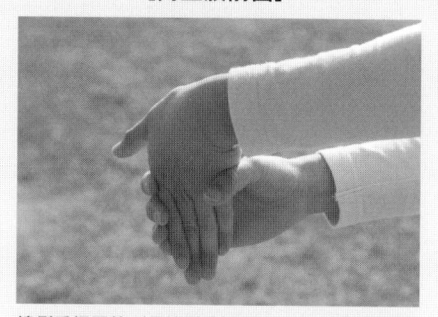

橈側手根屈筋／長橈側手根伸筋／短橈側手根伸筋／長母指外転筋
手関節を尺屈（小指側に曲げる）し、反対側の手で曲げを強調すると、前腕前面が伸びやすい。

上腕二頭筋／烏口腕筋／三角筋前部／大胸筋
肩関節を伸展させると同時に、台に置いた手を下方に押しつけると上肢前面が伸びやすい。

パートナーストレッチ部位

[両下肢後面]

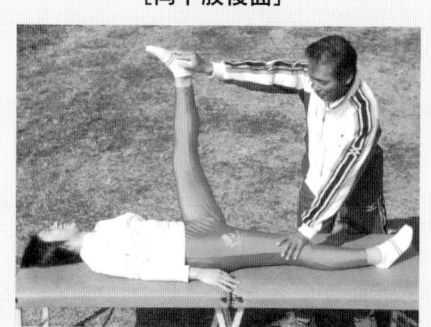

大腿二頭筋／半腱様筋／半膜様筋／大殿筋／下腿屈筋群
左股関節屈曲の際、右下肢が上がらないように押さえる。
※両上肢後面も行うとよい。

[両下肢前面]

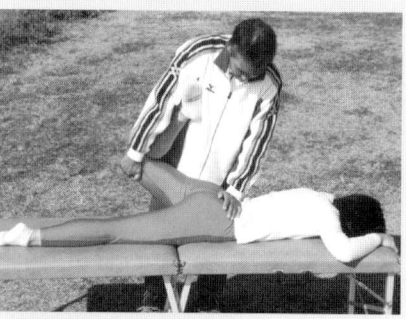

大腿四頭筋／縫工筋／腸腰筋
腰部が後屈しすぎないように、殿部を押しながら股関節を伸展させる。
※両上肢前面も行うとよい。

③腰部の経絡ストレッチ —— 側屈・捻転で異常がある場合

▶右側屈◀

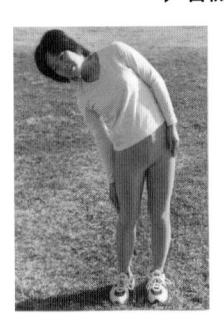

■ストレッチされる主たる
　経絡（外側面）
　脚の少陽胆経（左）
　脚の厥陰肝経（左）
　帯　　脈
■関連経絡（外側面）
　手の少陽三焦経（左）
　手の厥陰肝経（左）

▶右捻転◀

■ストレッチされる主たる
　経絡（外側面）
　脚の少陽胆経（左）
　脚の厥陰肝経（左）
　帯　　脈
■関連経絡（外側面）
　手の少陽三焦経（左）
　手の厥陰肝経（左）

▼

主たる経絡ストレッチ部位

[左腰部外側面]

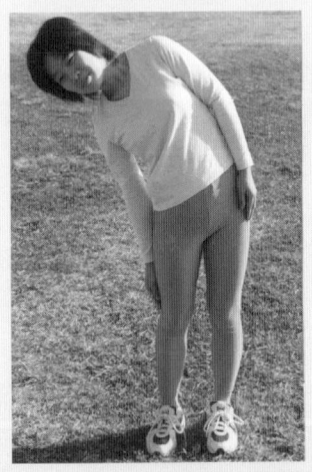

脊柱起立筋／外腹斜筋／内腹斜筋／腹横筋／腹直筋／腰方形筋／大腿筋膜張筋／中殿筋／腸脛靭帯
　殿部を突き出し、体側から下肢にかけてが伸びるようにする。

[左股関節外側面]

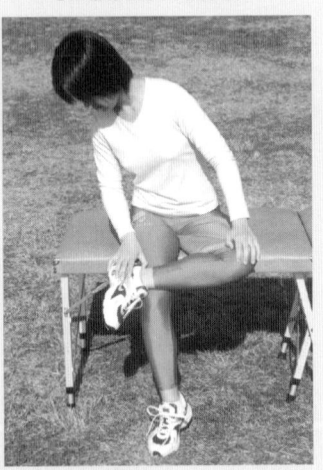

大腿筋膜張筋／腸脛靭帯
　股関節を外転・外旋させて左下肢をあぐらをかくようにし、膝を軽く押しながら体幹を前屈させると、左股関節が伸びる。

[左下肢外側面]

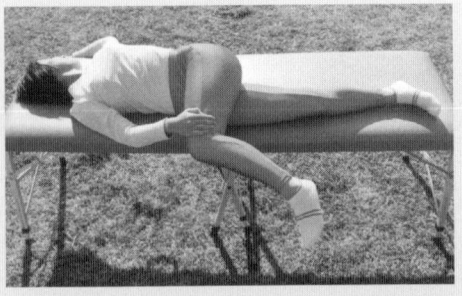

脊柱起立筋／外腹斜筋／内腹斜筋／腹横筋／腹直筋／腰方形筋／大腿筋膜張筋／中殿筋／大殿筋／小殿筋／腸脛靭帯
　右足部が頭部と一直線になるように右股関節をやや内転させる。左の股関節、膝関節を屈曲させ右側に倒す。右手で左膝を引き、左手は横にして、肩を上げないようにする。捻りの角度を浅くすると殿筋群、下肢外側面が伸び、深くすると腰背部のストレッチになる。
※左下肢内側面も行うとよい。

関連経絡ストレッチ部位

[左上肢外側面]

腕橈骨筋／長橈側手根伸筋／短橈側手根伸筋／指伸筋／小指伸筋／尺側手根伸筋／回内筋／示指伸筋／長母指外転筋／長母指伸筋／短母指伸筋

手関節を掌屈（手のひら側に曲げる）し、反対側の手で曲げを強調し肘関節を伸展させると上腕外側面が伸びやすい。
※左上肢内側面も行うとよい。

上腕三頭筋／棘下筋／広背筋／小円筋

抱えた上腕を右外側に引くようにすると上腕外側面が伸びやすい。
※左上肢内側面も行うとよい。

パートナーストレッチ部位

[左下肢外側面]

脊柱起立筋／外腹斜筋／内腹斜筋／腹横筋／腹直筋／腰方形筋／大腿筋膜張筋／中殿筋／大殿筋／小殿筋／腸脛靭帯

右足部が頭部と一直線になるように右股関節をやや内転させる。左股関節を屈曲させ、下肢を内転させる。パートナーは左肩が動かないように押さえ、反対の手で内転させた下肢を押し、殿部と下肢外側面が伸びるようにする。
※左下肢内側面も行うとよい。

※左側屈・左捻転の場合は、右にアプローチする。

④股関節および下肢の経絡ストレッチ —— 股関節の屈曲・伸展で異常がある場合

▶右股関節の屈曲◀

■ストレッチされる主たる経絡（後面）
脚の太陽膀胱経（右）
脚の少陰腎経（右）

督脈
■関連経絡（後面）
手の太陽小腸経（右）
手の少陰心経（右）

▶右股関節の伸展◀

■ストレッチされる主たる経絡（前面）
脚の陽明胃経（右）
脚の太陰脾経（右）

任脈
■関連経絡（前面）
手の陽明大腸経（右）
手の太陰肺経（右）

主たる経絡ストレッチ部位

[右下肢後面]

大腿二頭筋／半腱様筋／半膜様筋／大殿筋
　下肢を台に置き、体幹を前屈すると大腿後面が伸びやすい。

[右下肢前面]

大腿四頭筋／縫工筋／腸腰筋
　曲げた下肢を後方に引くと同時に上体を反らすと大腿前面が伸びやすい。

[体幹後面]

脊柱起立筋
　両下肢の間に体幹を埋め、腰背部が伸びる感覚をつかむ。

[体幹前面]

腹直筋／外腹斜筋／内腹斜筋／腹横筋
　胸腹部が伸びるように体幹を反らす。

2. 経絡ストレッチの実際

関連経絡ストレッチ部位

[右上肢後面]

尺側手根屈筋／尺側手根伸筋
手関節を橈屈（母指側に曲げる）し、反対側の手で曲げを強調すると前腕後面が伸びやすい。

上腕三頭筋／肘筋／広背筋／大円筋／三角筋後部
肩と肘を屈曲させ、反対側の手で肘を後方に引くように伸ばすと、上腕後面が伸びやすい。

[右上肢前面]

橈側手根屈筋／長橈側手根伸筋／短橈側手根伸筋／長母指外転筋
手関節を尺屈（小指側に曲げる）し、反対側の手で曲げを強調すると、前腕前面が伸びやすい。

上腕二頭筋／烏口腕筋／三角筋前部／大胸筋
肩関節を伸展させると同時に、台に置いた手を下方に押しつけると上肢前面が伸びやすい。

パートナーストレッチ部位

[右下肢後面]

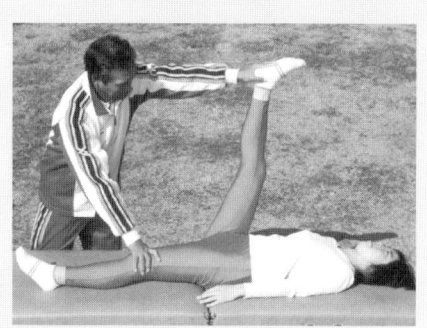

大腿二頭筋／半腱様筋／半膜様筋／大殿筋
右股関節屈曲の際、左下肢が上がらないように押さえる。
※右上肢後面も行うとよい。

[右下肢前面]

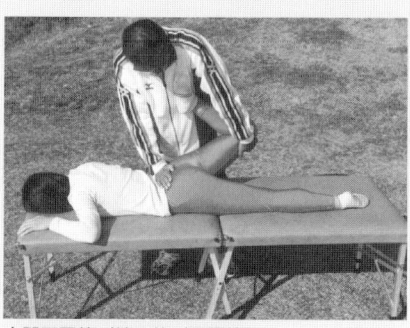

大腿四頭筋／縫工筋／腸腰筋
腰部が後屈しすぎないように、殿部を押しながら股関節を伸展させる。
※両上肢前面も行うとよい。

※左股関節の屈曲の場合は左にアプローチする。　　※左股関節の伸展の場合は左にアプローチする。

55

④股関節および下肢の経絡ストレッチ —— 股関節の外転・外旋・内転で異常がある場合

▶右股関節の外転・外旋◀

■ストレッチされる主たる
経絡（内側面）
脚の厥陰肝経（右）
帯　脈

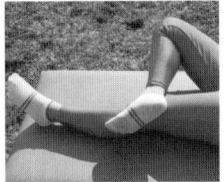

■関連経絡（内側面）
手の厥陰心包経（右）

▶右股関節の内転◀

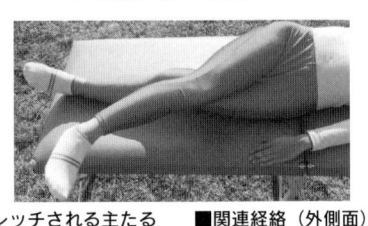

■ストレッチされる主たる
経絡（外側面）
脚の少陽胆経（右）
帯　脈

■関連経絡（外側面）
手の少陽三焦経（右）

主たる経絡ストレッチ部位

[右下肢内側面]

薄筋／大内転筋／短内転筋／長内転筋／恥骨筋
体幹を前に倒すと内側面が伸びやすい。

[右体幹外側面]

脊柱起立筋／外腹斜筋／内腹
斜筋／腹横筋／腹直筋／腰方
形筋／大腿筋膜張筋／中殿筋
／腸脛靭帯
　殿部を突き出し、体側から
下肢にかけてが伸びるように
する。

[右股関節外側面]

大腿筋膜張筋／腸脛靭帯
　左大腿部に右下肢をあぐら
をかくように乗せ、右手で右
膝を押しながら体幹を左前方
に倒すと、右股関節が伸びや
すい。

[右下肢外側面]

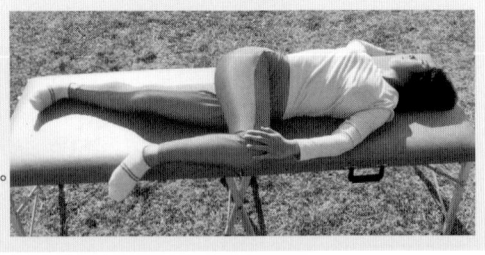

脊柱起立筋／外腹斜筋／内腹斜筋／腹横筋／腹直筋／腰方
形筋／大腿筋膜張筋／中殿筋／大殿筋／小殿筋／腸脛靭帯
　左足部が頭部と一直線になるように左股関節をやや内転
させる。右の股関節、膝関節を屈曲させ左側に倒す。左手
で右膝を引き、右手は横にして、肩を上げないようにする。
捻りの角度を浅くすると殿筋群、下肢外側面が伸び、深く
すると腰背部のストレッチになる。

2. 経絡ストレッチの実際

関連経絡ストレッチ部位

[右上肢内側面]

橈側手根屈筋／長掌筋／尺側手根屈筋／浅指屈筋／円回内筋／長母指屈筋／深指屈筋／方形回内筋
手関節を背屈（手の甲側に反らす）させ、前腕の内側面が伸びるように反対の手で曲げを強調する。

上腕二頭筋／烏口腕筋／大胸筋／肩甲下筋／三角筋前部
肩関節を水平伸展させ上肢の内側面が伸びるように壁などに押しつけて行う。

[右上肢外側面]

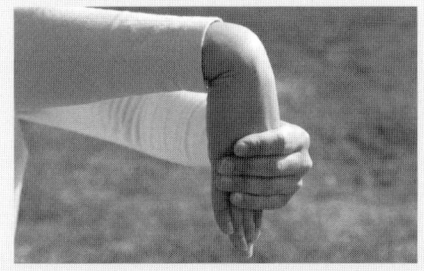

腕橈骨筋／長橈側手根伸筋／短橈側手根伸筋／指伸筋／小指伸筋／尺側手根伸筋／回内筋／示指伸筋／長母指外転筋／長母指伸筋／短母指伸筋
手関節を掌屈（手のひら側に曲げる）し、反対側の手で曲げを強調し肘関節を伸展させると上腕外側面が伸びやすい。

上腕三頭筋／棘下筋／広背筋／小円筋
抱えた上腕を左外側に引くようにすると上腕外側面が伸びやすい。

パートナーストレッチ部位

[右下肢内側面]

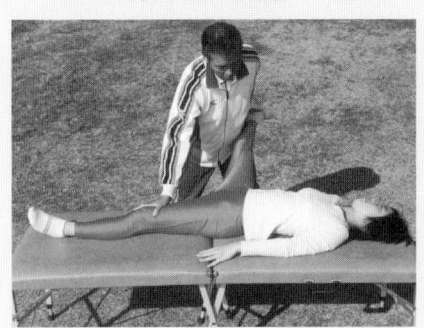

薄筋／大内転筋／短内転筋／長内転筋／恥骨筋
※右上肢内側面も行うとよい。

[右下肢外側面]

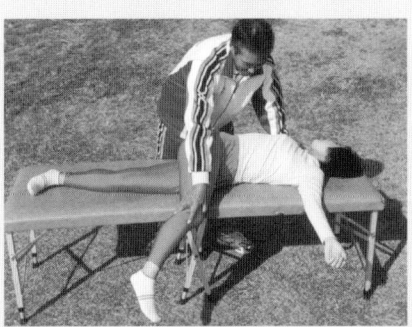

脊柱起立筋／外腹斜筋／内腹斜筋／腹横筋／腹直筋／腰方形筋／大腿筋膜張筋／中殿筋／大殿筋／小殿筋／腸脛靭帯
左足部が頭部と一直線になるように左股関節をやや内転させる。右股関節を屈曲させ、下肢を内転させる。パートナーは右肩が動かないように押さえ、反対の手で内転させた下肢を押し、殿部と下肢外側面が伸びるようにする。
※右上肢外側面も行うとよい。

※左股関節の外転・外旋の場合は左にアプローチする。　　　※左股関節の内転の場合は左にアプローチする。

⑤手関節および足関節の経絡ストレッチ —— 手関節の尺屈・橈屈で異常がある場合

▶右手関節の尺屈◀

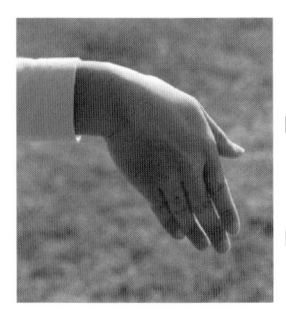

■ストレッチされる主たる経絡（前面）
手の陽明大腸経（右）
手の太陰肺経（右）

■関連経絡（前面）
脚の陽明胃経（右）
脚の太陰脾経（右）

▶右手関節の橈屈◀

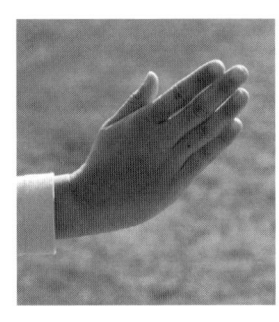

■ストレッチされる主たる経絡（後面）
手の太陽小腸経（右）
手の少陰心経（右）

■関連経絡（後面）
脚の太陽膀胱経（右）
脚の少陰腎経（右）

主たる経絡ストレッチ部位

[右上肢前面]

橈側手根屈筋／長橈側手根伸筋／短橈側手根伸筋／長母指外転筋
　手関節を尺屈（小指側に曲げる）し、反対側の手で曲げを強調すると、前腕前面が伸びやすい。

上腕二頭筋／烏口腕筋／三角筋前部／大胸筋
　肩関節を伸展させると同時に、台に置いた手を下方に押しつけると上肢前面が伸びやすい。

[右上肢後面]

尺側手根屈筋／尺側手根伸筋
　手関節を橈屈（母指側に曲げる）し、反対側の手で曲げを強調すると前腕後面が伸びやすい。

上腕三頭筋／肘筋／広背筋／大円筋／三角筋後部
　肩と肘を屈曲させ、反対側の手で肘を後方に引くように伸ばすと、上腕後面が伸びやすい。

関連経絡ストレッチ部位

[右下肢前面]

大腿四頭筋／縫工筋／腸腰筋
　曲げた下肢を後方に引くと同時に上体を反らすと大腿前面が伸びやすい。

[右下肢後面]

大腿二頭筋／半腱様筋／半膜様筋／大殿筋
　下肢を台に置き、体幹を前屈すると大腿後面が伸びやすい。

※左手関節の尺屈の場合は左にアプローチする。　　　　※左手関節の橈屈の場合は左にアプローチする。

⑤手関節および足関節の経絡ストレッチ —— 手関節の掌屈・背屈で異常がある場合

▶右手関節の掌屈◀

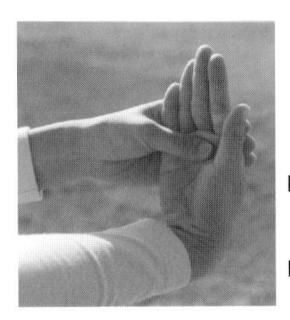

■ストレッチされる主たる経絡（外側面）
手の少陽三焦経（右）
■関連経絡（外側面）
脚の少陽胆経（右）

▶右手関節の背屈◀

■ストレッチされる主たる経絡（内側面）
手の厥陰心包経（右）
■関連経絡（内側面）
脚の厥陰肝経（右）

主たる経絡ストレッチ部位

[右上肢外側面]

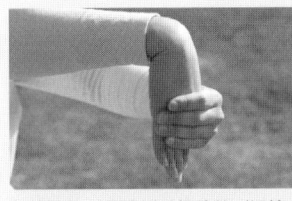

腕橈骨筋／長橈側手根伸筋／短橈側手根伸筋／指伸筋／小指伸筋／尺側手根伸筋／回内筋／示指伸筋／長母指外転筋／長母指伸筋／短母指伸筋

手関節を掌屈（手のひら側に曲げる）し、反対側の手で曲げを強調し肘関節を伸展させると、上腕外側面が伸びやすい。

上腕三頭筋／棘下筋／広背筋／小円筋

抱えた上腕を左外側に引くようにすると上腕外側面が伸びやすい。

[右上肢内側面]

橈側手根屈筋／長掌筋／尺側手根屈筋／浅指屈筋／円回内筋／長母指屈筋／深指屈筋／方形回内筋

手関節を背屈（手の甲側に反らす）させ、前腕の内側面が伸びるように反対の手で曲げを強調する。

上腕二頭筋／烏口腕筋／大胸筋／肩甲下筋／三角筋前部

壁などに上肢を押しつけ、内側面が伸びるようにする。

関連経絡ストレッチ部位

[右下肢外側面]

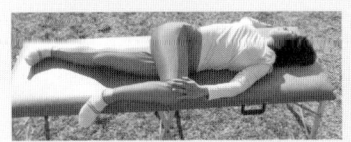

脊柱起立筋／外腹斜筋／内腹斜筋／腹横筋／腹直筋／腰方形筋／大腿筋膜張筋／中殿筋／大殿筋／小殿筋／腸脛靱帯

左足部が頭部と一直線になるように左股関節をやや内転させる。右の股関節、膝関節を屈曲させ左側に倒す。左手で右膝を引き、右手は横にして、肩を上げないようにする。捻りの角度を浅くすると殿筋群、下肢外側面が伸び、深くすると腰背部のストレッチになる。

[右股関節外側面]

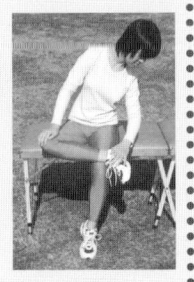

▲
大腿筋膜張筋／腸脛靱帯

左大腿部上に右下肢をあぐらをかくように乗せ、右手で右膝を押しながら体幹を左前方に倒すと、右股関節部分が伸びやすい。

[右下肢内側面]

薄筋／大内転筋／短内転筋／長内転筋／恥骨筋

体幹を前に倒すと内側面が伸びやすい。

※左手関節の掌屈の場合は左にアプローチする。　　　　※左手関節の背屈の場合は左にアプローチする。

⑤手関節および足関節の経絡ストレッチ —— 足関節の底屈・背屈で異常がある場合

▶右足関節の底屈◀

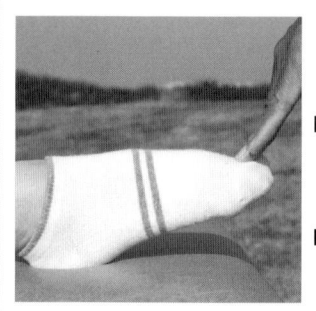

- ■ストレッチされる主たる経絡（前面）
  - 脚の陽明胃経（右）
  - 脚の太陰脾経（右）
- ■関連経絡（前面）
  - 手の陽明大腸経（右）
  - 手の太陰肺経（右）

▶右足関節の背屈◀

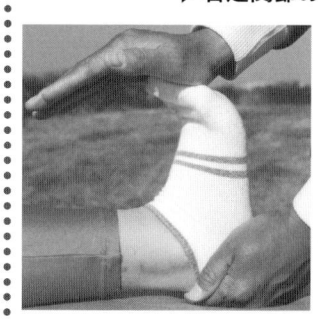

- ■ストレッチされる主たる経絡（後面）
  - 脚の太陽膀胱経（右）
  - 脚の少陰腎経（右）
- ■関連経絡（後面）
  - 手の太陽小腸経（右）
  - 手の少陰心経（右）

主たる経絡ストレッチ部位

[右下肢前面]

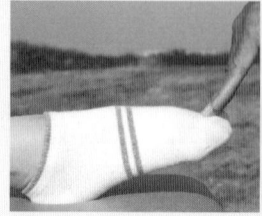

前脛骨筋／長指伸筋／長母指伸筋
　足関節を底屈させ、下腿前面を伸ばす。

大腿四頭筋／縫工筋／腸腰筋
　曲げた下肢を後方に引くと同時に上体を反らすと大腿前面が伸びやすい。

[右下肢後面]

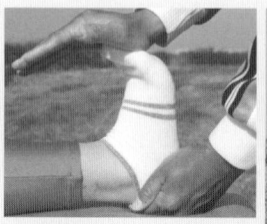

下腿三頭筋／長指屈筋／後脛骨筋／長母指屈筋／長腓骨筋／短腓骨筋／足底筋
　足関節を背屈させ、下腿後面を伸ばす。

大腿二頭筋／半腱様筋／半膜様筋／大殿筋
　下肢を台に置き、体幹を前屈すると大腿後面が伸びやすい。

関連経絡ストレッチ部位

[右上肢前面]　[体幹前面]

上腕二頭筋／烏口腕筋／三角筋前部／大胸筋
　肩関節を伸展させると同時に、台に置いた手を下方に押しつけると上肢前面が伸びやすい。

腹直筋／外腹斜筋／内腹斜筋／腹横筋
　胸腹部が伸びるように体幹を反らす。

[右上肢後面]　[体幹後面]

上腕三頭筋／肘筋／広背筋／大円筋／三角筋後部
　肩と肘を屈曲させ、反対側の手で肘を後方に引くように伸ばすと、上腕後面が伸びやすい。

脊柱起立筋
　両下肢の間に体幹を埋め、腰背部が伸びる感覚をつかむ。

※左足関節底屈の場合は左にアプローチする。　　※左足関節背屈の場合は左にアプローチする。

⑤手関節および足関節の経絡ストレッチ —— 足関節の外転・内転で異常がある場合

▶右足関節の外転◀

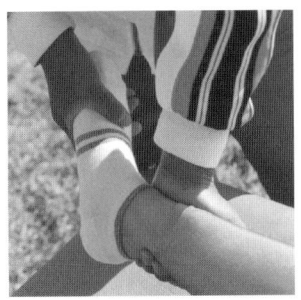

■ストレッチされる主たる経絡（内側面）
脚の厥陰肝経（右）
■関連経絡（右内側面）
手の厥陰心包経（右）

▶右足関節の内転◀

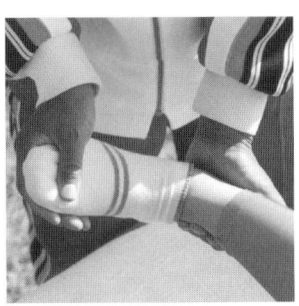

■ストレッチされる主たる経絡（外側面）
脚の少陽胆経（右）
■関連経絡（外側面）
手の少陽三焦経（右）

主たる経絡ストレッチ部位

[右下肢内側面]

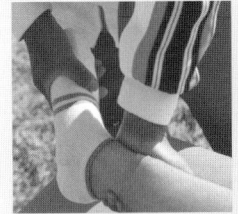

後脛骨筋／前脛骨筋／長趾屈筋／長母指屈筋／長母趾屈筋／長母指伸筋
　足関節を外転させ、下腿内側面を伸ばす。

薄筋／大内転筋／短内転筋／長内転筋／恥骨筋
　体幹を前に倒すと内側面が伸びやすい。

[右下肢外側面]

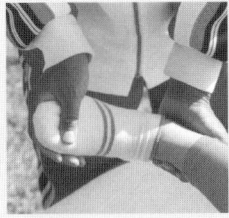

長腓骨筋／短腓骨筋／長趾伸筋
　足関節を内転させ、下腿外側面を伸ばす。

脊柱起立筋／外腹斜筋／内腹斜筋／腹横筋／腹直筋／腰方形筋／大腿筋膜張筋／中殿筋／大殿筋／小殿筋／腸脛靭帯
　左足部が頭部と一直線になるように左股関節をやや内転させる。右の股関節、膝関節を屈曲させ左側に倒す。左手で右膝を引き、右手は横にして、肩を上げないようにする。捻りの角度を浅くすると殿筋群、下肢外側面が伸び、深くすると腰背部のストレッチになる。

関連経絡ストレッチ部位

[右上肢内側面]

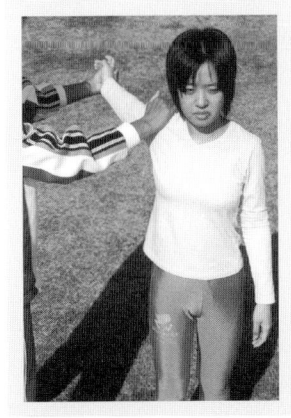

上腕二頭筋／烏口腕筋／大胸筋／肩甲下筋／三角筋前部
　肩関節を後方から前方に押し込むと脱臼しやすいので、肩関節を固定してから上肢を後方に引くようにする。

[右上肢外側面]

上腕三頭筋／棘下筋／広背筋／小円筋
　抱えた上腕を左外側に引くようにすると上腕外側面が伸びやすい。

※左足関節の外転の場合は左にアプローチする。

※左足関節の内転の場合は左にアプローチする。

⑥経絡ストレッチのまとめ —— 後面の経絡

■**主な経絡**　手の太陽小腸経／手の少陰心経／脚の太陽膀胱経／脚の少陰腎経／督脈

［異常部位（経絡テスト）］

頸部の前屈

上肢の回外

肩関節の屈曲

手関節の橈屈

体幹の前屈

膝関節屈曲および股関節屈曲

股関節の屈曲

足関節の背屈

［ストレッチ部位］

※頸部・体幹の後屈は、上肢・下肢とも両側の経絡ストレッチを行う。
　上肢・下肢で片側のみに制限のある場合は、制限側の経絡ストレッチを行う。

⑥経絡ストレッチのまとめ —— 前面の経絡

■**主な経絡**　手の陽明大腸経／手の太陰肺経／脚の陽明胃経／脚の太陰脾経／任脈

［異常部位（経絡テスト）］

頸部の後屈

上肢の回内

肩関節の伸展

手関節の尺屈

体幹の後屈

膝関節の屈曲

股関節の伸展

足関節の底屈

［ストレッチ部位］

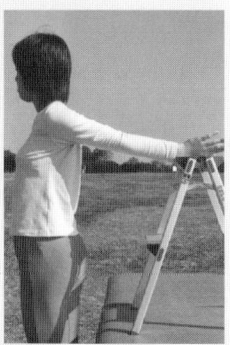

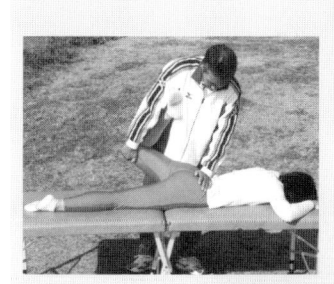

※頸部・体幹の後屈は、上肢・下肢とも両側の経絡ストレッチを行う。
　上肢・下肢で片側のみに制限のある場合は、制限側の経絡ストレッチを行う。

⑥経絡ストレッチのまとめ —— 外側面の経絡

■**主な経絡**　手の少陽三焦経／脚の少陽胆経／帯脈

[異常部位（経絡テスト）]

頸部の側屈

肩関節の水平屈曲

体幹の捻転

手関節の掌屈

体幹の側屈

股関節の内転

股関節の外転・外旋

足関節の内転

[ストレッチ部位]

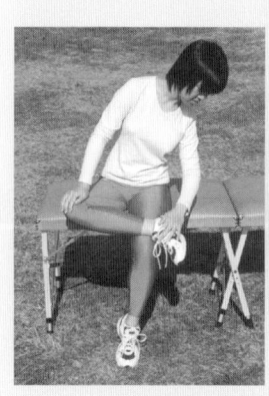

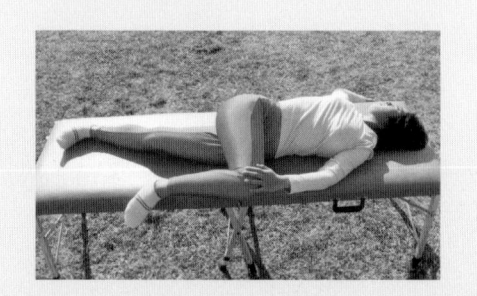

※経絡テストの制限側の経絡ストレッチを行う。

2. 経絡ストレッチの実際

⑥経絡ストレッチのまとめ ──内側面の経絡

■**主な経絡**　手の厥陰心包経／脚の厥陰肝経／帯脈

[異常部位（経絡テスト）]

頸部の側屈

肩関節の水平伸展

手関節の背屈

体幹の捻転

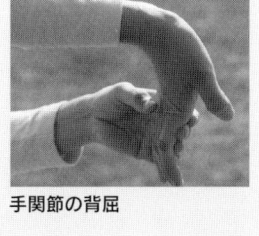

体幹の側屈

股関節の外転・外旋

股関節の外転

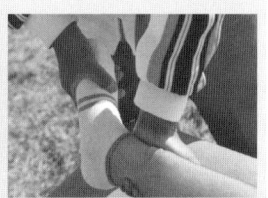

足関節の外転

[ストレッチ部位]

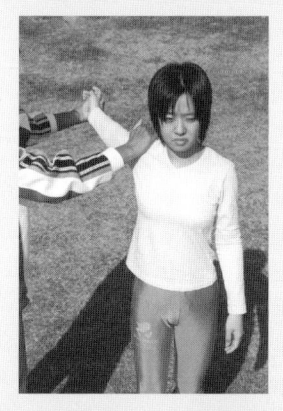

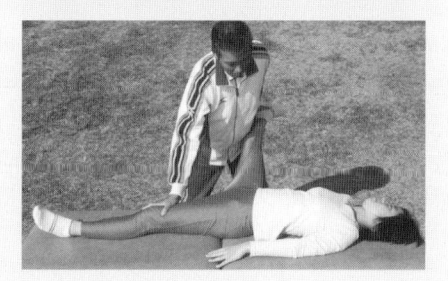

※経絡テストの制限側の経絡ストレッチを行う。

⑦スポーツ傷害における経絡ストレッチの例 —— 槍投げにおける肘内側上顆炎

▶投擲（とうてき）時に痛み◀

〈経絡テスト異常姿位〉
■肩関節外転（右内側面）
　手の厥陰心包経
　脚の厥陰肝経
■肩関節外旋（右後面）
　手の太陽小腸経
　手の少陰心経
　脚の太陽膀胱経
　脚の少陰腎経
※右肩関節外転・外旋で肘の内側面に痛み

経絡ストレッチ部位

右前腕内側面 　　右前腕後面 　　右上腕後面

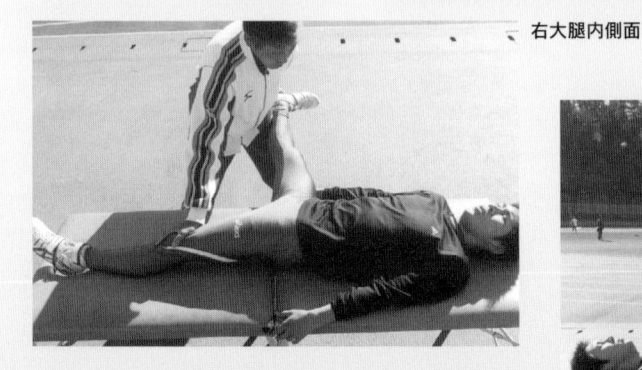

右大腿内側面

右大腿後面

⑦スポーツ傷害における経絡ストレッチの例 ── ランナーにおける左腸脛靭帯炎

▶走行時に左膝外側面に痛み◀

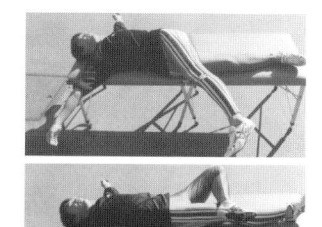

〈経絡テスト異常姿位〉
■左股関節内転（左外側面）
　脚の少陽胆経
■左股関節外転・外旋（左外側面・内側面）
　脚の厥陰肝経
※左股関節内転、股関節外転・外旋でつっぱり感

経絡ストレッチ部位

左外側面

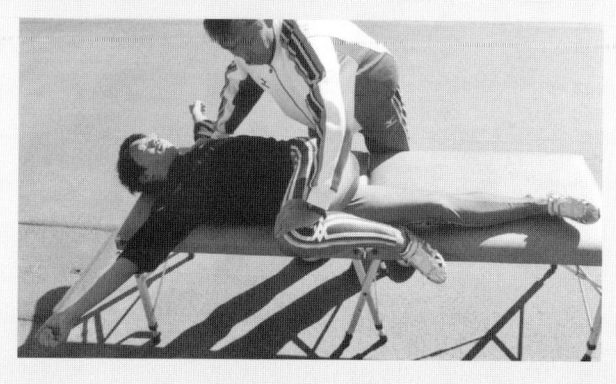

左外側面

※下肢外側面のみの対応でも可能だが、体幹の左外側面、左上肢の外側面を併用するとさらに効果的である。

⑦スポーツ傷害における経絡ストレッチの例 —— ハードルにおける大腿二頭筋の肉離れ

▶ハードリングの左下肢キック時に痛み◀

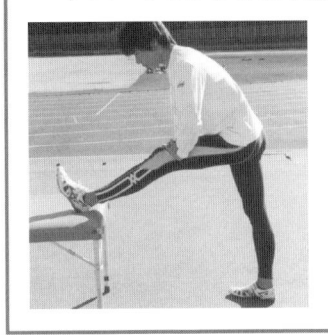

〈経絡テスト異常姿位〉
■左股関節屈曲（左後面）
　脚の太陽膀胱経
　脚の少陰腎経
※左股関節屈曲で大腿後面に痛み

※肉離れの急性期のストレッチは禁忌。程度に応じ安静時を経て数日から数週間を経過してから実施する。

経絡ストレッチ部位

左大腿後面

左上肢後面

左大腿後面

※大腿後面で対応は可能だが、腰部後面、左上肢後面を併用するとさらに効果的である。

⑦スポーツ傷害における経絡ストレッチの例 —— 円盤投げにおける腰痛

▶円盤の振り出し時に腰痛◀

〈経絡テスト異常姿位〉
■**体幹右側屈（左外側面）**
　脚の少陰胆経
　手の少陽三経
■**体幹右回旋（左外側面）**
　脚の少陰胆経
　手の少陽三経
※腰部右側屈・右回旋で腰部に痛み

経絡ストレッチ部位

左体幹外側面

左股関節外側面

左股関節外側面

※体幹、下肢で対応は可能だが、左上肢外側面を併用するとさらに効果的である。

[5] 経絡テスト・経絡ストレッチ・動きづくりの関連

　経絡テスト・経絡ストレッチ・動きづくりは、それぞれ単独で応用することも可能ですが、経絡テスト→経絡ストレッチ→軸づくり→スポーツ種目に応じた動きづくり→経絡テスト→経絡ストレッチという流れで実施することで、効率的な動きづくりを行うことができます。

□文　　献
(1)向野義人他『経絡テスト』医歯薬出版、東京、1999
(2)向野義人『経絡テストによる診断と鍼治療』医歯薬出版、東京、2002
(3)向野義人編著『スポーツ鍼灸ハンドブック』文光堂、東京、2003

とっておきの話◆中学サッカー選手の腰痛

　中学生のサッカー選手がおかあさんに付き添われて来室しました。医者からは腰椎分離症と診断され、現在は痛くて練習ができない状況とのことでした。前屈をさせて指床間距離を診ると、なんと床まで12～13cmも開いていました。前屈すると痛みもあるといい、身体ももともと硬いとのこと。この前屈痛に加えて、後屈痛もありましたが、捻転は左右ともに問題はありませんでした。そして、筋肉は全体的にやや固めでした。

　自己ケアについて聞いてみると、ストレッチを少しやる程度で、クラブ全体でも熱心には実施していないということでした。

　彼の場合、後面（脚の太陽膀胱経、脚の少陰腎経）と前面（脚の陽明胃経、脚の太陰脾経）の両面に運動制限があるため、その場でまず下肢後面のストレッチを実施しました。片方ずつ1回だけゆっくりと伸ばさせ、指床間距離を診ると床にやっと着くところまで改善し、本人も驚いているようでした。同様に、大腿前面のストレッチを実施したところ、後屈の可動域が広がり、動きも楽になっていました。

　本人には、下肢の前面、後面および体幹のストレッチを練習前、練習の合間、練習後、さらに家に帰ってからもじっくりと行うことをすすめました。毎日ストレッチを実施しないと、練習量に対して疲労回復が追いつかないことを強調し、自己管理の重要性を説きました。

　現在では、試合にもフルに出場できるようになり、ストレッチを誰よりもよく実施しているようです。同じ疾患で訪れたチームメイトのおかあさんから話を聞く機会がありましたが、練習や試合に付き添いで行ったときにみていると、「彼は練習前や練習後、他の選手の何倍も熱心にストレッチをしていますよ」とのこと、自己管理が身についてきたようでした。

　この症例に限らず、腰痛の場合、前屈、後屈、側屈、捻転の経絡テストを行い、制限、痛み、つっぱり感、だるさなどが、どの動きで発現するかをテストすることで、問題のある動きと負荷のかかる場所が特定できるため、身体のどの面をストレッチすればよいかがわかります。腰痛でお悩みの方は是非実施してみてください。

(朝日山一男)

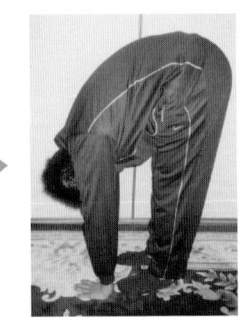

経絡テスト　　経絡ストレッチ　　腰の痛みが軽減され、手のひらが床に着くようになった

動きづくり理論と軸体操 第3章

1. 動きづくり理論

　第1章では、経絡はエネルギーの通り道（エネルギーライン）であること、身体を調整するためには、身体の前面、後面、側面に分布しているエネルギーラインが重要であること、また、身体の動きにおける①体幹の役割、②四肢と体幹の連動における同名経と表裏経の役割、③中心軸の役割などが説明されています。つまり、エネルギーラインが身体バランスを保つように配列されているという経絡理論を述べています。

　また、第2章では、第1章で述べられた経絡理論にもとづき、経絡ストレッチ（エネルギーラインの調整）を実践することで、身体の中心軸が整えられることが述べられています。

　そこで第3章では、第2章で整えられた身体の中心軸を起点として、動きづくり理論と軸体操について述べます。

　動きづくりには、以下のような2つの視点があります。
①第一の視点──軸の移動トレーニング
　本書における動きづくりは、軸の移動に着目した、軸の移動トレーニング法です。

　スポーツには、さまざまな種目があります。それぞれの動きは、一見複雑に見えますが、身体の中心にある軸から考えてみれば、種目の目的に合わせて軸の移動を適応させればよいことになります。この軸の内容は、第3章、第4章を通じて、いたるところでさまざまな形で出てきます。また、この軸に関する考え方は、本書の全編を通じて流れている思想でもあります。

　軸に関する動きづくりは、整えられた身体軸から動きを発展させていきます。身体軸のバランスは、クリスマスツリーをイメージするとわかりやすいと思います（図3-1）。クリスマスツリーは、12月になると大きな木に、華やかなさまざまな色の電球が配置されていて、見るものを楽しませてくれます。これが前後左右斜めとすべての方向から均等に引っ張られるように配置されていると、ツリーの中心のバランスがよくなります。しかし、どこかが緩んでいたり、重かったりすると、バランスが崩れてしまいます。

　人間の身体もその中心には脊柱があり、そこには前後に任脈、督脈が配置されていて、そこを中心に12の経絡が配置されています。木が堂々とそびえ立つには、中心と中心を支える

図3-1　クリスマスツリー

12 のラインが必要なのです。

　経絡ストレッチでは、このバランスを確認して調整していきます。そして、身体を動かしていくのが動きづくりです。動きづくりは先の説明でも述べましたが、軸の効率のよい移動を目的にしていますから、目的の方向へ順番に身体を進めていくには、身体全体に張り巡らされているラインを、バランスをじょうずに崩しながら弾力的に伸び縮みさせて移動できれば、とてもスムーズなものになります。

　このように、軸を中心に考えてみれば、動きづくりの理解と実践とはとてもシンプルでわかりやすいものになります。

　具体的な実践としては、弾む歩行（ブロッキングウォーク）で軸の移動を確かめてください。歩行はいつでもどこでも実施できる動きです。そして人間の存在に関わる最も基本的な動きです。

　ブロッキングウォークは、歩行を弾ませることによって、軸を関知することができますし、リラックスしながら身体を上下動させることで、身体の硬い部分や、経絡ストレッチで整えられた軸バランスを再確認することができます（ブロッキングウォークの詳細については、P.75 の「2. 動きづくりの理論化に至る経緯」参照）。

②第二の視点——プロセスを踏んだトレーニング法

　動きづくりは、プロセスを踏んで動きをよくするトレーニング法です。専門種目の動作をよくするためには、まず基本動作を改善し、続いて応用動作へ展開し、最終的に専門動作のよりよい動きへと調整していくというプロセスを踏むトレーニング法が必要だということです。

　このように、動きづくりは、さまざまなスポーツの専門動作をよりよいものとするための仲介役として存在するのです。その仲介役をうまく機能させるためには動きの導入部分をシンプルにし、その根底に大きく広がっている最小単位の動き、つまり基本動作を正確に修得する必要があります。

　例えば、野球のバッティングやテニスのストロークなどの専門動作は、動きの最小単位として横の移動、「サイド移動」が考えられます。この基本動作を改善するためには、図 3-2 のように、軸のサイド移動の動きを正確に実施することがいちばんの近道になります。

図 3-2　軸のサイド移動

図 3-3　軸の前後移動

　そして、動きの最小単位（基本動作）から専門動作に至るまでには、その中間部分に応用動作が存在します。例えば、走るための応用動作を考えると図 3-3 のように、前方方向への水平移動をリズミカルに連続して実施する必要があります。

　このように、基本動作から応用動作への展開の改善によって、専門動作が自然とよくなるように工夫された技術トレーニング法を「動きづくり」と呼んでいます。「動きづくり」には、まず基本的な動きの修得、そして身体の複雑なメカニズムを自動的にコントロールする応用動作への展開、最終的には、専門動作の質的な向上をミリ単位で修正していくといった改善のプロセスを踏んで、動きの向上を目指すという目的があります。

　ですから、動きづくりは、動きを改善するためのプロセスを大切にするトレーニングであり、それを行うには、①基本動作→②応用動作→③専門動作のプロセスを踏むことが重要になります（この内容については、第 4 章の「動きづくりの実践」で紹介します）。

図 3-4　肩から足裏にかけて形成される運動軸

以上のように、本書では動きづくりは2つの視点で述べられています。動きづくりは、一つの固定的な観念で捉えるのではなく、2つの視点からアプローチして動きを改善していくことで、より高いスポーツ技術のパフォーマンスを引き出していくトレーニング法になります。それには選手の特性をよりよく引き出すために、動きづくりを多面的に捉えることが必要になります。

本章では軸体操については、経絡ストレッチによって整えられた軸から動きを発展させていきます。その最初の動きづくりとして、著者（籾山）は軸体操を考案しました。最初の動きづくりですから、基本動作の動きづくりとして位置づけても結構です。

軸体操は、動きの中で①軸を形成する、②軸を縮める、③軸を伸ばす、④軸の裏側をほぐす、⑤軸を捻るの5つから構成されています。この5つの要素によって、軸（脊柱）を中心からほぐして（リラックスさせて）いくことができます。よりよい動きは、身体の中心から醸し出されるリラックスが前提となります。軸体操をウォーミングアップに取り入れることによってこの前提が整うことになります。

2. 動きづくりの理論化に至る経緯

著者が「動きづくり」の指導法に興味を持つようになったのは、中京大学の故小栗達也教授と出会ったことが始まりです。小栗達也教授は、1981年に『ストレッチ体操・伸展運動と動きづくり』（大修館書店）を、故安田矩明教授、勝亦紘一教授と3人で著しました。当時、日本初のストレッチの本として、爆発的な広がりをみせ、今でもロングセラーとなっていますが、著者もその本の中で、動きづくりのお手伝いをさせていただきました。

当時、小栗先生と授業で初めてお会いして、リズミカルに弾む歩行（ブロッキングウォーク[*1]）から手ほどきを受け、動きのしなやかさ、自然性、リズム、バランス、タイミング、コントロールなど、運動の本質的な要素に魅了されました。

また、動きの本質的な内容については、小栗先生から『陸上競技の力学』（小野勝次著）を1980年に紹介していただいたこと、そして1994年に、横浜国立大学大学院で研究を始めたときに、『マイネル・スポーツ運動学』（大修館書店）の中で、運動の質について述べられていることに強い興味を持ちました。ともに実践をベースにして、さまざまなスポーツの本質的な内容を力学や運動学を通して表現していました。

実際に大学院で研究を始めたときには、動きづくりの種類が約1000種類ぐらいありましたので、どの動きから解析していこうか、少し迷いました。しかし、小栗先生に最初に教わった動き、弾む歩行法（ブロッキングウォーク）に絞って研究を始めました。

*1　ブロッキングウォーク

ブロッキングウォークでは、足裏からの力を軸で感じやすいので、軸体操の中の軸づくりとしても利用してください。経絡ストレッチでバランスが整えられた軸を、動きの中で感知するのがブロッキングウォークです（次ページのコラム参照）。

ブロッキングウォークとは？（弾む歩行法）

　ブロッキングウォークとは、地面反力を効率よく利用する弾む歩行法のことを言います。これは、1994年、人間が二足歩行に至る過程を考えるようになったことがきっかけで、そのポイントは重力に関係しているのではないかと考えたことにあります。つまり、重力に対してバランスを保つ姿勢、重力に沿う形で動きが進化するよう人間自身が二足歩行を選択したのではないかと著者（籾山）は考えたのです。

　二足歩行の起源については、道具を使えるようになるために選択したとする道具説などがありますが、著者は、重力に沿う姿勢をとることで、足骨、脛骨、大腿骨、仙骨、腰椎、胸椎、頸椎、脳幹に至るまでの一連の流れ、身体の中心に位置する軸を通して一貫して重力の刺激が与えられると考えました。そのことで、例えば重力に対して前屈みになるような悪い姿勢になれば、内臓を圧迫することになり、そうなれば当然内臓の働きは悪くなります。

　このように、軸を起点として健康について考察すると、姿勢をよくすれば、健康に対するよい情報が入りやすくなると考えました。健康はトレーニングの前提となるものですから、この面からも正しい姿勢、重力のラインに沿った姿勢が、動きづくりを処方していくときにいちばん重要なことになると考えました。重力によって軸が形成されるからです。

　ブロッキングウォークについては約10年間研究しましたので、動きづくりのタイミングの視点から研究した科学的データについてもお話しします。

　この動作の研究を始めた動機は、歩行という基本動作であり、なおかつ重力をうまく利用する動作だということです。この2つの視点は、すべての動きの原点がこの動きに凝縮されていると考えたからです。

■熟練者と未熟練者にみるウォーキング

①熟練者

　熟練者は、地面反力を効率よく生かして弾んでいる歩行をしていました。そのことは、動きの重心から説明すると、重心が最下点から少し上がりかけたときに、地面反力が最大になっています（図3-5 上）。そして筋電図を通してみてみると、地面反力が最大のときに集中して脚の筋放電が順次大きくなり、その後の弾む過程では、筋放電が消失して、リラックスしてタイミングよく弾んでいることが解明されました。熟練者では軸がしっかり形成され、その軸を通して重力を効率よく使っていることになります。

②未熟練者

　未熟練者の動きを重心の視点で見てみると、重心が最下点に至る手前で地面反力が最大になっています（図3-5 下）。このことから踏み込んでいるのに加重されない状態、すなわち力が地面に逃げている状態が見てとれます。そして筋電図を通してみてみると、地面反力が最大のときに脚の筋放電が出ない箇所（前脛骨筋、脚の裏側の半腱様筋）があり、タイミングよく地面反力を使っていないこと、つまりこのケースでは、弾むタイミングが遅れていることがわかりました。軸の視点から言えば、軸がうまく形成されていないため、力が地面に逃げてしまい、弾むタイミングが遅れてしまっていることが解明されました。

（籾山隆裕）

※ブロッキングウォークとプライオメトリックウォークの違いについてはP.83を参照して下さい。

図3-5　熟練者と未熟練者のウォーキングのフォーム

その理由は、歩行は、人間特有の根源的な動きであること、そして動きがシンプルで親しみやすく、さまざまなスポーツで利用することができる、応用範囲の広い動きであること、また、歩きの中で弾むという視点は、動きの評価を考えると、地面反力を利用するタイミングの指標になると考えたからです。

　実際に研究してみると、動きがよくなると、効率よくリズミカルに地面反力を利用できていることがわかりました。そして地面からの反力感覚を「ブロッキング」と名づけました（本書で述べられている軸は、足裏ブロッキングによる地面反力の延長線上にあります）。このひとつの歩行の動きを解析したことから発展して、動きづくりの本質について深く認識することができました。そして、基本動作の動きづくりの最も根本にブロッキングウォークが位置づけられることになります。

　このような運動の本質的な要素を学ぶと同時に、指導者として、動きづくりを指導していくなかで、何か根本的なものの一つをうまく使うことによって「動きづくり」の内容がシンプルに理論体系化され、トレーニングがわかりやすく展開できるのではないかと考え続けました。

　試行錯誤の末、その根本的なもの一つが軸であることがわかりました。現在では、「動きづくり」はその軸を中心として、動きを展開させ、動きのリラックス、リズム、タイミング、バランス、コントロール等の動きの本質的要素に基づき、動きを改善していくプロセスが重要であると考えています。

　また、別の分野からのアプローチもありました。1997年以降、大阪国体でトレーナーとコーチの関係で一緒になった、本書の共著者である朝日山氏から経絡理論をご教示いただいたことです。その後も独自に勉強を進め、動きづくりに応用してきました。

　さらに、向野教授の経絡ストレッチの理論についても、主要な大筋群に沿った流れで経絡が形成されていることや、経絡のラインが動きに影響を与えること、そのような研究は本場の中国でも発表されていないもので、世界でも類のない特筆すべき研究であることを伝え聞いていました。

　自分自身の経験でも、経絡理論とのふれあいを感じました。朝日山氏と国体や合宿等で毎年のように会って、経絡理論、東洋医学、易経、黄帝内経（こうていだいけい）、奇経八脈（きけいはちみゃく）、定本経穴図鑑等の話で盛り上がり、実際に治療しているところを見学し、独学で経絡の勉強をしました。

　実際に朝日山氏に治療をしてもらった経験もあります。不摂生のせいか、身体が硬くなっている状態で、強烈な肩甲骨（けんこうこつ）の動きをした際、次の日に肩甲骨全体が膨れ上がって、3日間痛くて眠れない状態になったこともありました。

　脊柱から肩甲骨につながっている菱形筋（りょうけいきん）がひどく痛んだこと、そして身柱（しんちゅう）（経穴）から肩甲骨を吊り下げるように位置している肩甲挙筋（けんこうきょきん）の痛みが激しかったことから、脊柱の脇に位置している（膀胱経（ぼうこうけい）のライン上）脊柱の棘筋（きょくきん）が硬かったことが考えられました。この痛みの例は選手全般に言えることで、肩甲骨の動きは、脊柱の棘筋、菱形筋、肩甲挙筋の柔軟性、そして経絡としては、膀胱経、胆経（たんけい）、小腸経（しょうちょうけい）のラインが硬くなって動きが悪くなり故障しやすいことが、その後の指

導でわかってきました。この面を経絡ストレッチで調整することができると実感しました。

そして、動きづくりの前に経絡をストレッチして身体の循環をよくすることで、動きがよくなることを実感してきました。このことから、動きづくりにおける軸の存在と動きにおける経絡の流れのラインの関連が深いところでつながっていることに気づき始めました。

このような経緯に基づき、本書をまとめていく機運が高まってきました。ですから、本書の中の「動きづくり」の内容は、『ストレッチ体操・伸展運動と動きづくり』の動きづくり編の内容と、東洋医学の経絡理論と経絡ストレッチの実践について、本書の他の2人の著者からご教示いただいた内容とを融合させ、新たに理論体系化したものになります。

3. 軸体操 ―動きづくりの前提―（ウォーミングアップ）

第1章の「経絡と経絡テスト」、第2章の「経絡ストレッチの実際」では、経絡の中の任脈、督脈、帯脈の3つのラインを中心に身体調整をすることで、軸が整えられることについて説明しました。本章では、これらの内容を受けて、軸を中心とした動きづくり（軸体操）について述べます。なお、第1章からの一連の流れを整理すると、図3-6のようなプロセスになります。

この一連の流れを実践することで、専門種目の動作自体がリラックスしたものとなり、本人が持っている自然な動きが引き出されます。また、故障を未然に防ぐことができるようになり、無理なくさまざまなスポーツのスピードを向上させることが可能になります。

図3-6　経絡テストから専門動作への流れ
　①経絡テストにより軸を整えるための身体柔軟性の診断→②経絡ストレッチによる軸の調整→③軸から展開する軸体操→④専門動作を改善するために最小単位の動きを正確に実施→⑤より専門動作に近づけて基本動作をいくつか組み合わせ、連続させて実施→⑥専門動作をミリ単位で正確に正していく。

3. 軸体操―動きづくりの前提（ウォーミングアップ）―

「基本の動きづくり」として著者（籾山）が考案した「軸体操」とは、軸を基本におきながら軸の中心となっている脊柱をほぐす動きづくりをするものです。軸体操を行うことで、結果として専門動作を向上させることや、本人の特性を生かすことができます。

この軸体操を開発したきっかけは、1998年から毎週1回実施している「動きづくりの練習会」でした。ここで、動きづくりを指導しているときに、動きづくりだけを指導していても、動き自体がなかなかよくならない選手がいることに気づきました。これは、動きづくりを指導する以前の状態に何らかの問題があるのではないかと考え、そこで、いろいろ追求していくと、そのような選手は身体がほぐれていないことがわかりました。

■例1　身体がほぐれていない例　　腕振りがつりあがってしまって、地に足がつかない走り

このような例では、日常生活で肩をすぼめたり、肩を吊り上げながらパソコンのキーボードを打ったりしているとか、手提げバッグや、ショルダーバッグなどを片方の肩や腕で持ち上げ、一方の肩甲挙筋が縮まっていることが考えられます。さらにもう一つの原因としては、心がほぐれていないので、身体が動かないことも考えられます。

■例2　心がほぐれていない例――顔色が優れず動き全体に切れがない

選手たちの中には、友人や家族、会社の人間関係などで、心に不安を抱えている人がいます。その問題にとらわれてしまっていると、呼吸も浅くなり、血液の循環も悪い状態になります。その結果として、身体が硬くなり動きがよくない状態がもたらされてしまいます。そういった選手には、四方山話をしながら話を聞いてあげたり、笑いが出るようなリラックスした状態をつくりだせれば、競技力の向上に関して解決の方向に進んでいきます。

心をほぐす方法としては、仰臥姿勢で、余裕を持った呼吸法を10分から15分くらい実施することです。さらに、足の指先からストレスを吐き出すようにイメージしてもらうことでストレスが解消され、本人が持っているより自然な動きに改善することができます。

この2つの例のように、著者は、指導する以前の問題として、身体の状態と心の状態を整えることが大切だということを学びました。

そこで、開発したのが、上下動の軽い連続ジャンプの動作を中心とした動きづくり、つまり、身体を中心からほぐす「軸体操」です。これは楽しい雰囲気のなかで、まず心をほぐし、身体の中心に重力を通すことで身体をほぐし、身体を中心から温めるものです。

このように、軸体操は選手の動きのウィークポイントを直接的に指摘して直していくのではなく、軸体操を実施することによって、結果として専門動作が根本から改善されるように工夫したものです。基本の動きづくりとして、著者は最近では、講習会や練習会など、どこでも必ず実施しています。

以下は、実際に動きづくりの講習会で出会った方々から寄せられた感想です（紙面の関係で、抜粋・要約）。それぞれ立場は違いますが、みなさん意欲的で、指導をしながら逆に教えられることのとても多い場でした。

■整形外科医　小川　健さん

　私は整形外科医として働きながら、陸上競技を続けている者です。仕事をやりくりしながらのトレーニングでは限界を感じていた時、籾山先生と出会い、ブロッキング技術と経絡ストレッチに接し、目から鱗が落ちる思いがしました。この具体的な感想を競技者の立場と医学的な立場から述べてみようと思います。

　自分にとって、ブロッキング技術と経絡ストレッチのメリットは、何といっても怪我をしにくくなったことです。ここ数年は肉離れやらアキレス腱痛などに悩まされ、毎回ごまかしながら練習し、試合でさらに悪化させるというパターンが続いていました。それが、正しいブロッキング動作ができている時は、アキレス腱痛や肉離れも起こさず、また、軽い痛みであれば逆によくなってしまいました。

　ブロッキング技術と経絡ストレッチのメリットをもう1つあげますと（デメリットはないと思っています）、やっていて気分が晴れ晴れすると言うことです。仕事で疲れていても、ゆっくりと経絡ストレッチをして、ブロッキング技術トレーニングをすると、頭もスッキリしてきます。今までしていた強度の高い（負荷のかかる）トレーニングを一切しなくなったので、一時的に回り道をしたようにも思いましたが、今となっては怪我が少ない分、トレーニング量も積み重ねることができますし、モチベーションも維持することができて、とても感謝しています。

■鍼灸マッサージ師　松浦浩市さん

　私は毎日数人のアスリートを診ている開業鍼灸師です。開業して15年になりますが、動き作りに関しては以前からとても関心がありました。なぜならアスリートの故障というものは「悪い動きから来るのでは」という考えを私自身も持っていたからです。

　しかしこの度籾山先生の「動き作り」のお話を聞かせていただきまして、これはますます私が考えていた故障のメカニズムに近づいていく様に感じました。

　私が初めて籾山先生が行っておられます横浜の水曜会にお邪魔し、選手たちが行うウォーミングアップの際の動きを見て身体の軽さを感じました。流れるようなスムースな動き、動きが流れているので止まる瞬間が無い、これが故障を防ぐひとつのポイントではないでしょうか。動作の中に止まる瞬間があると、その瞬間に身体の1箇所がストレスを受け、それが故障の原因となるのではと考えました。

　これからの私たち鍼灸師は、未然に故障を防ぐことを常日頃から考える必要があると思います。それを来院する方々にも理解していただき、少しでも故障をなくし、思うようにパフォーマンスを発揮していただきたいと考えています。

　また、実業団、高校、大学でのスポーツ活動に私たちが携わるとき、専門的な理論を持って参加する必要があると思います。今後、籾山先生にいろいろなお話を聞かせていただき鍼灸施術に役立ててゆきたいと思います。

■慶應藤沢中等部　佐藤香奈さん（仮名）

（全国中学生陸上100m走、2年連続出場）

　私が初めてブロッキング講習会で習った動作は、それまで学校の部活で習ってきた基本動作とはあまりにもかけ離れているものでした。ブロッキングの動作は軸の移動、伸縮やひねりが基本となっており、決して分かりづらいものではありませんでしたが、それを実際に動作へ移すことは思った以上に難しかったです。

　ブロッキングの動作を行う上でも走るときにも先生が特に指導して下さったことは、肩の力を抜きリラックスすることでした。ブロッキングの動作を一歩ずつこなしていくうちに少しずつ自分でも実感しながら肩の力を抜けるようになりました。ブロッキングの動作を習い始めたときはこの動きが記録を大幅に伸ばすことに繋がるとは思っていませんでした。しかし、ちょっとした動きを少しずつ改善していくこと、実践を継続していくことが大事だということに気づきました。

　私達が学校の陸上部に入って一番初めに習う動きはドリルと言われる股関節の可動域を広げたりする動きや、腿上げなどの基本動作を習います。しかしブロッキング技術を中学生などの陸上を始めた頃に身に付ければ、変な癖を身に付けた走りには繋がらないと私は考えます。

表 3-1　講習会での感想文

選手からの感想としては、「身体がものすごく熱くなった。リラックスできて楽しい」といったコメント（表3-1）が多く寄せられています。

＊この軸体操は、実施するだけであらゆるスポーツの専門動作を向上することができるように、ウォーミングアップとして考案したものです。

4. 軸体操の実践

では、以上述べてきたことを踏まえて、次に写真によって軸体操の動きについて解説します。

①軸づくり

▷上下動の動き（ポンピング動作）から片足ツーステップのリズムで膝の曲げ伸ばし（ニーストレッチ）

上下動の動きで身体と重力が融合した重力軸を体感していく。まず支えている片足で2回ずつステップを踏む。その間、もう一方の宙に浮いている脚で、膝の曲げ伸ばしを「イチ、ニ、イチ、ニ」のリズムで実施する。リラックスして行うことが重要なので、肩が自然と波打つようになればとてもよい効果が得られる。

②軸の縮み

▷上下動の動きから片足ツーステップの腿上げ（ニーアップ）

身体の中心にある軸をうまく縮めてやる。そのためには、胸の下にある横隔膜を意識して、呼吸をしながら、吸うときは横隔膜を上にあげ、息を吐くときには横隔膜を下げる。このようにして腹が縮まるように練習する。イメージとしては、提灯をたたむように腹を縮めるのがコツである。その後、片足ツーステップのリズムの中で腿上げをしながら、膝を上げる瞬間に息を吐いて、腹を縮める力を利用して、膝を自然と上げる動作を実施していく。

③軸の伸び

▷ **スキップスキップジャンプ（自転車こぎ）**
　スキップを2回行い、ジャンプへつなげる。ジャンプでは、動きを止めないために、手と足を回転させるように回していく。脚は自転車のペダルをこぐように回す。リズムとリラックスを意識してタイミングよくジャンプすることで、空中に伸び上がり軸を伸ばすことがいちばん重要である。

④軸の裏側をほぐす

▷ **踵を裏側に上げてヒップにタッチ（アンクル・アップ）**
　一歩一歩足を踏み込んで走るときに、踏み込む足とは反対の脚を膝から後ろへ曲げてタイミングよく踵をヒップにつけていく。その際、上がっていく足の踵に手でタッチする。軸をやや後頃させて背中の広背筋までほぐすことができればさらによい。短距離走などトップスピードで走るスポーツでは、身体の後面がほぐれていない状態で力んで走り出したりすると、肉離れなどを起こしやすいので、十分に軸の裏側をほぐす必要がある。

⑤軸の捻り

▷ **上下動の動きから片足ツーステップの軸の捻り（トルネード）**
　運動のなかには自然な捻り動作があり、捻りが戻ってくる動作のときに大きな力が生まれる。このためには、身体の中心から自然な捻り動作が生まれるように、軸をリラックスさせておかなければならない。この動作はその自然な捻りを引き出すことを目的としたものである。ツーステップを踏みながら、徐々に腿を後ろから回す（240度動かす）ように引き上げて捻る。

4．軸体操の実践

⑥軸の移動

▷継ぎ脚でツースキップを左右交互に繰り返す（ツースキップ）

　軸体操で軸がほぐれたら、次のステップとして、軸を移動させることが重要になる。軸の移動スピードでは、ストライドとピッチが大事になる。このツースキップの動きでは、まずストライドに主眼を置いて取り組む。同じ方向に2回スキップ行うが、その際、水平方向に長く移動距離をとる。

⑦軸のスピード（昆虫の足さばき）

▷「イチ、ニ、サン」のリズム、「サン」でリラックスして腿上げ（スピードニーアップ）

　ピッチも身体の中心からリラックスして動かすことが重要になる。具体的には、「イチ、ニ、サン」のリズムで、「サン」の動きを強調しつつリラックスして腿を上げる。まずは、ゆっくりした動作で「イチ、ニ、サン」のリズムを体得し、徐々にスピードを上げていく。腿を上げるタイミングでは、軸の縮みで紹介した横隔膜の下げと腸腰筋から意識した腿上げをタイミングよく実施する。あくまでもリラックスしたなかで実施することが前提になる。そしてリラックスしていないと脚も速く動かないことから、臍の横3cmくらいのところに中指をおいてそこからゆっくりと脚を動かすようにまず練習する。

□参考文献
(1)「NHKスペシャル　驚異の小宇宙・人体　生命誕生 Vol. I」NHKビデオ
(2)籾山隆裕著・月刊陸上競技編『ブロッキング技術トレーニング』陸上競技社

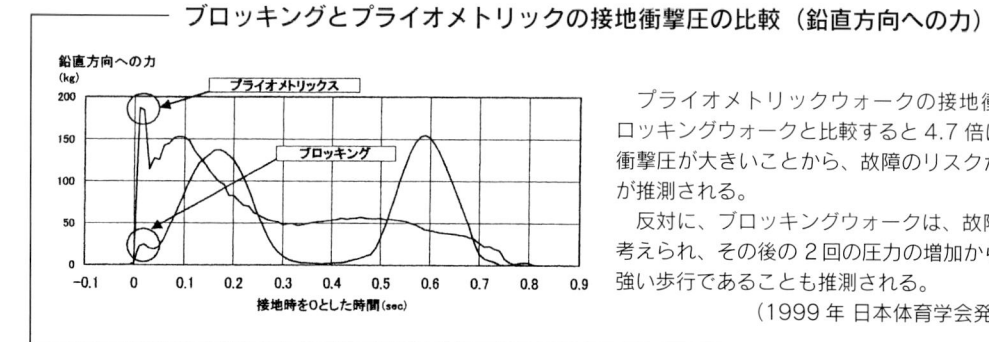

ブロッキングとプライオメトリックの接地衝撃圧の比較（鉛直方向への力）

　プライオメトリックウォークの接地衝撃圧は、ブロッキングウォークと比較すると4.7倍になる。接地衝撃圧が大きいことから、故障のリスクが大きいことが推測される。
　反対に、ブロッキングウォークは、故障が少ないと考えられ、その後の2回の圧力の増加から圧力負荷の強い歩行であることも推測される。

（1999年 日本体育学会発表資料より）

動きをコントロールする経絡と重力

①動きを身体の内側からコントロールする経絡（任脈、督脈）

　経絡、経脈の構造から考えると、脊柱の前後に流れる任脈、督脈が脊柱を支える構造になっています。つまり重力に対する軸を感知していると考えられます。

　具体的な例として、地球上での動きについて考えてみましょう。身体の移動は、どの部分から始まっているでしょうか。直立姿勢からの歩き出しを考えれば、まず足裏から動きが始まることになります。そして、足裏から力が伝達され、その力が身体の中を通ることになります。その軸を中心から主に支えているのは、身体の中心に位置する脊柱です（図3-7）。

　足裏から脊柱までに形成される軸の移動から、よりよい動きについて考えてみます。軸は地面に接地している足裏から支えられています。ですから、動きの際にバランスが崩れているのか、崩れていないのかについての感覚は、任脈、督脈を中心にして、12経絡でそのバランスを保っていると考えられます。

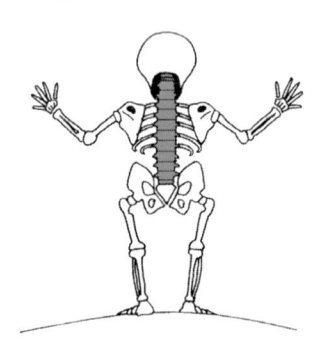

図3-7　軸を中心から支える脊柱

②動きを外側からコントロールする重力

■重力と生命発生の関係

　前述した小栗先生に、効率よく身体を動かすには、「地面から力をもらいなさい」ということをよく指導されました。そして私に、「自然性の研究が大切だよ」と、優しく語りかけてくれました。

　では、自然性とは何でしょうか。地面からうまく力をもらうためには、どうすればよいのでしょうか。それには、軸をうまく形成し、力みのない力を出すことが大事です。力んでいる人と、そうでない人とを比べてみると、その違いが目につきます。力んでいない人は、他人に動かされているような感じがします。

　この内容を「自力」と「他力」という言葉で説明

図3-8　身体の軸と重力

してみましょう。力みのない滑らかで流れるようなフォームをしている人は、スムーズに力を使っています。他力です。これを吟味していくと、動きを根本から支えているものは何かということに行き着きます。

　もっと単純な例で考えてみましょう。立ち姿をイメージしてください。最もバランスよく立っているときには、身体の中心で身体を支えている状態が生まれます。身体の中心には脊柱が存在します。これを2本の脚で支えていますので、両方の大腿骨で身体を支え、結果として両脚の中心に軸が形成されます。立位の場合、静止の状態ですから、考えを進めやすいのですが、この支えているものに乗る力、バランス自体を形成させる存在は何なのかということです。その答えは「重力」です。重力がなければ軸は形成されません。

■重力の存在とさまざまな視点

　さまざまな視点から重力の存在について、レポートがなされています。例えば、NASA（NHKスペシャル「驚異の小宇宙・人体　生命誕生」Vol. 1、NHKビデオ）のレポートです。この中で、宇宙の無重力状態で鶏の卵が孵化するかという実験をしています。重力はNASAの研究の重要なテーマの一つです。重力の存在する状態では、鶏の形を形成するいちばん初めのきっかけは、身体の中心を司る一本の筋ができることだそうです。この筋は、人間で言えば、脊柱です。

　しかし、この無重力下での実験では、この1本の筋が形成されませんでした。このことは、つまり、重力の存在が生命発生のために大事な1本の筋を形成するもとになるということになり、生命の誕生・重力・脊柱のとても深い関係が考察されます。論理的に考えれば、この1本の筋は軸と考えられないでしょうか。

（籾山隆裕）

さまざまなスポーツの動きづくり（実践編）

第4章

1. 基本動作と応用動作

　本章では、主に「基本動作」「応用動作」の動きづくりについて紹介します。トレーニング前のウォーミングアップや専門練習の前後、中間に、技術の調整として活用してください。

　基本動作・応用動作の定義づけは、次のように考えています。基本動作は、さまざまなスポーツの専門動作の最小単位の動きとして位置づけています。これに対して応用動作は、基本動作を連続させたり、組み合わせたりして、どのように専門動作に向けて動きを向上させていくのかという領域として位置づけていますので、本章の内容をさらに組み合わせて、創造してもよいと思います。

　動きづくりは、専門動作を向上させるために実施するものですから、意図的に軸の本質的な要素（リラックス、リズム、バランス、コントロール、タイミング、ダイナミック、方向性など）を基本動作・応用動作に導入し、その種目に合った動きづくりを実践します。

　ここでもう一度基本動作について振り返ってみましょう。一般的に基本動作はできるようになったのに、専門種目の記録やパフォーマンスの向上につながらないということがよくあります。これは著者（籾山）の視点からすると、前述のように、基本動作に導入しなければならない本質的な要素を理解していないことによって起こります。

　例として、走に関して言えば、走の動きづくりの主目的は、水平方向へのスムーズな移動が本質的な内容になり、そのための最小単位の動きは、水平方向への一歩の前後移動（P.88の③振り子スタート）に集約されます。

　この本質的な内容を理解しながら動きづくりを実践すれば、専門動作を向上させることができます。動きの質的向上のためには、基本動作とは何か？　応用動作とは何か？　専門動作とは何か？　ということをしっかりと把握し、プロセスを踏んでトレーニングすることが重要です。

　実際に行うときの注意点としては、動きづくりは動きの質をよくするためのものですから、それぞれの動きの目的とそれに応じた動きの留意点を理解して実施することが重要です。ただ漫然と雑な動きをするのではなく、目的にかなうような正確できめ細かい動きを心がけましょう。

※動きの技術は、接地衝撃を少なくし、力を出すべきタイミングで力を出すことが重要になります。それにより故障を減らし、パフォーマンスを高めることができます。

2. 走の動きづくり

　走の動きづくりは、水平方向に速く走ることを目的とするものです。短距離も中距離も長距離もこの視点は同じです。気をつけなければならないことは、選手の特性を見極めることです。走の場合では、水平方向にスムーズに走るタイプなのか、弾むようにパワフルに進むタイプなのか、という観点からの見極めが大切になります。ここでは、この2つのタイプを強調して提示しています。

　動きづくりを実施する際、タイプによって、同じ動きづくりをしても、違った動きが現出することがあります。

　短距離の例で説明すると、大別して、スピードタイプとパワータイプの2通りがあります。スピードタイプは、軸への力の伝わり（とくに上半身への移動）を速くするために、ある程度腰高で、水平方向前方へスムーズに動くタイプになります。パワータイプはじっくりと下半身から力をもらうタイプで、少し腰を低くして弾むように前方へ移動することになります。体型的には前者は一般的に細身の選手、後者は筋肉質の選手に多いと考えられます。

　同じ基本動作の動きづくりを実施した場合にもこのような特徴が現れますので、表面的に同じ動作を強要するのではなく、本人の特徴を生かすように指導してください。

※2つのタイプの中間の選手もいますので、その場合は動きづくりを組み合わせたり、意図的に違った特徴の走り方を試したりしてみることで自分の特徴を再確認してみる方法もよいでしょう。

①軸の横移動（人間メトロノーム）

軸の横移動。横移動から入った方が、後ろに倒れる恐怖感がなく、スムーズに動ける。留意点としては、軸以外の身体、とくに肩をリラックスさせて、腰を曲げないようにして実施する。支える人も身体を軸で受けたり、軸で押すことが大切なので、背筋を伸ばすことを心がける。

第4章　さまざまなスポーツの動きづくり（実践編）

②軸の前後移動（人間メトロノーム）

　軸の前後移動。最初に横移動から入っていれば、恐怖感は減少するはずである。それでも怖い場合は、倒す角度を小さくする。留意点としては、軸以外の身体、とくに肩をリラックスさせて、腰が引けないようにすること。

③振り子スタート（補助つき）

　補助者が後ろから身体を支えて2回ほど前後に予備動作を繰り返した後、前方へスムーズに送り出す。追い風を利用するようにその力をスムーズに使って走り出す。力まずに、中間疾走をイメージして、水平方向にロスのない走りを心がける。

④加重走

　走の中で、走り出しの局面、いわゆる加速局面では、しっかりと地面を加重して力を加えていく。そうしないと地面反力がもらえないため、速く走ることはできない。肩を補助者が押さえることで、地面に加重していく感覚をつかませる。補助者がいない場合でも、肩をうまく下げることで加重する。
＊走るときに足裏を叩かないように注意する。やわらかく移動しながら加重することと、大きな力で叩くのとでは動きの質がまったく異なる。

⑤引っ張り加重走

④の加重走の場合は、その場での軸の加重を強くすることに主眼を置いている。引っ張り加重走の場合は、移動しながらの加重に重きを置いていることから、スタートの動きを向上させるためには、④、⑤の順番で動きづくりを実施すると効果的である。

⑥スタート姿勢からの身体放出

短距離走のスタートでは、身体を進行方向へうまく放り出してやることが重要になるが、なかなか遠くまで身体を投げ出すことは難しい。そこで、この写真のように補助者が後ろから両手を支え、身体を前方向へ放出する感覚を覚えさせる練習をすることが必要になる。

⑦忍者走り（ヒップタッチ）

忍者は水の上でも走ったといわれている。バタバタと地面を叩いて、音がするような走りをしていれば、水面であれば波立って水没してしまう。地面でも同じことで、叩いていれば、地面にブレーキをかけることになるので、速く走れないし、接地衝撃が大きいと故障の原因にもなる。人のお尻の上を走るときには、やわらかいタッチを心がけ、相手のお尻が痛くならないように注意する。お尻の上でも、ササッと両足を動かすことがポイントになる。

⑧ブロッキングウォークからの走り

弾みながらダイナミックに地面反力をもらい、その延長線上で走り始めることで、ダイナミックなスタートを修得する。スムーズなスタートがよいのか、ダイナミックなスタートがよいのかについては、選手の特性を最優先して考えるべきである。このことから選手は、それぞれに合った動きづくりを選択することが重要になる。

⑨サイドジャンプからの走り

人にもそれぞれの個性があるように、水平方向に走る場合でも自然に弾むように走る人もいる。それは、本人の特性であるから、それを極力生かした方がよいと考えられる。そのような人の場合は、走り始めにサイドにダイナミックに弾みながら、サイドジャンプを実施し、徐々に、サイドジャンプを狭めながら、走りに移行していくと自然な走りに移行できる。この動きづくりは、自然に弾む感覚を引き出すことが目的で、サイドジャンプから走りへの移行が、人から見て、違和感を感じさせないくらいスムーズであることが重要である。

3. 跳の動きづくり

　跳の動きづくりは、垂直方向への効率のよい移動を目的とするものです。ですから、足が地面から離れた瞬間の軸の姿勢と垂直方向への移動スピードに着目すれば、よい動きかどうかを判断することができます。さまざまな動きづくりを通してその本質的な動きに着目してください。

　うまく移動スピードが出ないときには、リラックスしていない、関節がギクシャクしている、姿勢が悪い、下半身と上半身の使い方のタイミングが合わない、などが考えられます。このような場合は、軸にためられた力を上半身の腕を使って拾っていくようなイメージで動作をすることが大切になります。

　動きづくりを実施する際、タイプによって、同じ動きづくりをしても、違った動きが現出することがあります。走高跳びを例にとると、大別して、スピードタイプ、パワータイプの２通りがあります。スピードタイプは、軸への力の伝わり（とくに上半身への移動）を速くするために、少し腰高で、垂直方向へ反射的に速く動くことが重要になります。それに対して、パワータイプはじっくりと下半身に力をためておいて、タイミングよく爆発的に垂直方向へ移動させるタイプであり、助走からゆっくりと弾むように少し腰を低くして動きます。

　体型的には前者は一般的に細身で長身の選手、後者は筋肉質の選手に多いと考えられます。同じ基本動作の動きづくりを実施してもこのような特徴が現れますので、表面的に同じ動作を強要するのではなく、本人の特徴を生かすように指導する必要があります。

※２つのタイプの中間の選手もいますので、その場合は動きづくりを組み合わせたり、意図的に違った跳び方を試したりしてみることで自分の特徴を再確認してみるのもよいでしょう。

①その場ジャンプ

　その場でゴムまりのようにジャンプをする。自然な弾みを引き出すには、接地するときに吸着するようにちょっとした間を置くことが重要である。そのためには、腕を主体にして身体を引き上げるように意識する。そして脚の方は腕に対する従属物として捉える。徐々に跳躍高を上げていき、滞空時間を長くしていく。１回おきにアクセントをつけてジャンプする。

②その場連続ジャンプ

前ページの①と同様のジャンプを間髪を入れずに連続して行う。①と②を順番で徐々に実施する。

③その場膝上げジャンプ

その場でゴムまりのようにジャンプをする。自然な弾みを引き出すには、着地するときに足裏が吸着するようにちょっとした間を置くことが重要である。そしてジャンプした後に、ちょっと間をおいて、膝が自然と胸の方に引き寄せられる動きになると、ゴムまりのように弾むことができる。

④その場連続クロスジャンプ

両足が近い状態でジャンプするとバランスを崩しやすいので、スポーツの初心者や、筋力の弱い選手は、開脚でジャンプするとよい。写真のようにしっかりと腰を落とせば、ハムストリング（腿裏からヒップへかけての筋肉）も鍛えられる。

⑤両脚サイドジャンプ

その場膝上げジャンプをサイド方向に展開した動きで、サイドバランスの感覚を養成できる。スキーなどへの応用も可能である。ジャンプの最初は小さく跳び始め、負荷を確かめながら、高いジャンプへと移行していくとよい。トランポリンの上でジャンプをしているようにイメージすると、とても気持ちよいジャンプが体感できる。

⑥人間ゴムまりジャンプ（補助つき）

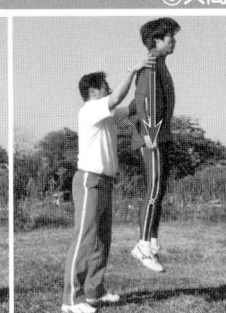

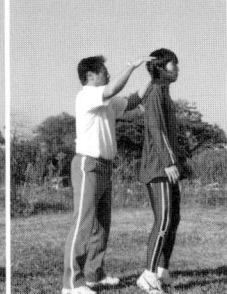

その場ジャンプをさらに強調するために、写真のように補助者が上から肩をタイミングよく押す。接地する手前で押す手を離すことがポイントとなる。選手とコーチの動きを合わせるタイミングがいちばん大切で、この補助によって、跳躍力の負荷が強まる。

⑦人間ゴムまりジャンプ──サイド（補助つき）

人間ゴムまりジャンプのサイド版。補助者が押す方向や、タイミングをさまざまに変えれば、バスケットボールやノルディックスキーの専門動作のように、さまざまな状況に対応する弾み方を覚えることができる。

第4章　さまざまなスポーツの動きづくり（実践編）

⑧トロッティング・ジャンプ

　馬がゆっくり走り始めると、前足を（例：右、左）引っ掻くように、矢継ぎ早に差し出す動きをする。その動きをトロッティングと呼ぶが、すばやいトロッティング（タ・タン）の動きでジャンプをするように心がける。この動きは、走り幅跳びなどのすばやい踏み切り動作に生かすことができる。

⑨片脚連続ジャンプ

　さらにジャンプの負荷が高くなるので、最初はストライドを狭めて始める。腰砕けにならないように、背筋を伸ばして軸をつくって実施する。強い負荷が加わるので、ジャンプのリズムがとれないようであれば、両脚で行う。これは、三段跳びなど片脚ジャンプの専門動作にも応用できる。

⑩スキップスキップジャンプ

　軸体操で行っている軸の伸びのジャンプと同じ動きである。これはジャンプを目的とするものなので、腕による引き上げ動作と同時に、脚力によってタイミングよくジャンプする。高い跳躍力を引き出すことが重要である。跳躍種目のジャンプのタイミングや、跳躍の本質である滞空状態にある身体の面白さを体感できる。

4. 投の動きづくり

　投の動きづくりは、砲丸投げ、円盤投げ、ハンマー投げのように、投擲物を水平方向へ移動させることを目的とした動きづくりです。ここでは、回転系の基本運動を多く取り入れています。「走」と違う点は、自分の身体を移動させるのではなく、身体を使って投擲物を移動させるということです。

　また、投擲物は重さがあるため、垂直方向への動きづくりの要素をうまく取り入れないと、結果として投擲物が水平方向へ遠くまで移動しないことです。その動きの向上のため、身体の中の軸に力をうまく通す（砲丸垂直移動、下の①重力軸ボール移動参照）動きづくりを実施することによって投擲物に力を伝えることができます。

　投擲にも大別して、スピードタイプとパワータイプの2つのタイプがあります。スピードタイプは一般的に軸の倒しを利用して移動を速めることで投げるタイプです。パワータイプは捻りを上手く使って、粘っこく接地による力の伝達を長くすることによる力を使って投げるタイプです。

　体型的には前者は一般的にバランスよくスマートで大柄な選手、後者は筋肉質で大柄な選手に多いと考えられます。

※2つのタイプの中間の選手もいますので、その場合は動きづくりを組み合わせたり、意図的に違った特徴の投げ方を試したりしてみることで自分の特徴を再確認してみる方法もよいでしょう。

①重力軸ボール移動

　重力のラインに沿う軸（重力軸）を形成して、その軸を利用してボールを移動させる。まず、ボールを持ったまま、その場で沈み込んだり、伸び上がったりの動きを連続して実施し、垂直方向に形成される重力軸を体感する。その後、沈み込み、伸び上がりの2回の連続予備動作の後、伸び上がる動作の伝達力を利用して、ボールを垂直方向へ移動させる。腕の力を極力利用しないように留意する。これは、身体の中心ラインからの力を使うことで、投動作の基本となるもので、さまざまなスポーツの専門投動作への応用も可能な動きづくりと言える。

第4章　さまざまなスポーツの動きづくり（実践編）

②ボールの音なしサイド移動

　ボールを投げ上げて、右手、左手、右手とボールを移動させる。ボールをキャッチする際、ボールを迎えにいくように背筋を伸ばして重力のラインに沿うように軸（重力軸）をつくり、手を最大限に伸ばして上げ、手の指の腹でソフトにキャッチする。キャッチ後も全身でボールを受けるようにエレベーターのように沈み込む。この動きを全身でダイナミックに連続して行うことで、ボールにタッチする際に音を出さないようにする。ボールのやわらかい移動など、新体操のボールを使用した専門動作にも応用できるし、ボールを使った補強トレーニングとしても利用できる。

③フロント片手投げ（上から）

　槍投げの専門動作に応用できるもので、左足を踏み込んでいく（ブロッキングする）瞬間に腹筋に力を入れて（息をフッと少し吐きながら止めて）、一瞬にしてボールを押し出す。そしてボールが瞬間的に移動する（瞬間移動）ように心がける。踏み込んでいく前の動きとしては、ほんの少しだけ沈み込むように重力を利用し、下方向に弧を描くように移動できるとさらに速いボールの放出が可能となる。下から投げる方法で実施すると、ソフトボールの下手投げの専門動作に応用できる。

④フロント両手投げ

　ボールが頭の後ろから頭上に移動する瞬間に腹筋に力を入れて（息をフッと少し吐きながら止めて）、一気にボールを両手で押し出し、ボールが瞬間的に移動するように心がけることと、その方向性を明確にすることで、サッカーのスローインなどの専門動作に応用できる。

4. 投の動きづくり

⑤バック投げ

最近テレビでも紹介されることも多い樽投げ競技に近い動きである。背筋を爆発的に利用し、後方に投げ出す動きで、腰から上は上方向に伸ばし、腰から下は下方向へ伸ばすことで、天と地の方向に軸をタイミングよく伸ばすことが重要になる。投擲種目や瞬発力を要求されるスポーツの補強トレーニングとしても利用できる。

⑥砲丸バック投げ

これは、バック投げと基本的な動きは同じである。片足を前方に出し、その足上に下から滑らかに伝わってくるようにボールを移動させる。3回ぐらい引き寄せるように回転させながら、臍の前にボールが移動した瞬間に爆発的に腹筋に力を入れて（息をフッと少し吐きながら止めて）、一瞬にしてボールを両手で押し出す。ボールが瞬間的に移動するように心がけることと、その方向性を明確にすることが大切である。

⑦サイド投げ

スコップで掘り出した土をサイドに投げるように、ボールを投げ出す動きである。膝をやわらかく使いながら、サイド移動の予備動作を実施し、最後に全身を使って投げる。ラグビーのボールパスの専門動作に応用できる。

第4章 さまざまなスポーツの動きづくり（実践編）

⑧捻り投げ

　ハンマー投げの要領で捻って投げる。実際には予備動作として、身体全体を使って3回ほどボールを回す。回す方向は左側に投げるのであれば、右から左へ、そして下から上へ、右回りに回していく。そして3回目に、上半身を投げ出す方向に捻りながら、下からの反力を利用して、臍の近くまできた瞬間に爆発的に腹筋に力を入れて（息をフッと少し吐きながら止めて）、一瞬にしてボールを両手で押し出す。ボールが瞬間的に移動するように心がけ、方向性を明確にする。捻りながら爪先立ちになり、投げ出した後バランスよく静止できることが重力を最大限に利用するうえで重要な動きになる。

⑨おんぶ回転軸

　回転に生かす動きづくりで、人をおんぶして、左脚一本で立ち、片脚でケンケンをしながら左に回転移動していく。人を乗せると当然重くなるので、軸上にバランスよく人を乗せないとふらつく。左足上の重力軸を確認しながら、回転することで軸足感覚を体感する。

⑩回転の動き

　ハンマー投げの専門回転動作で、その場で何も持たないで1回転する。左回転のときには、左足の踵外側から軸をつくって回転し始め、右足を浮かせ1回転する。回転の最後のほうで左足は、拇指球まで乗り、右足を着地させる。この動きの場合、ゆっくり回転を始め、後半で加速させ1回転で音を立てずにスッと止まれるように心がける。回転のなかでのバランスづくりを目的とする。

5. 泳の動きづくり

　泳法は異なっても、水平方向前方に速く移動する競技という基本は変わりません。陸上競技と異なる点は、陸上競技では地面が抵抗になる（空気抵抗はないものとして考える）のに対して、水泳では水の抵抗があるということです。水に逆らうことなく、それをいかにうまく捉えて、水に乗るかが重要になります。

　その点をイメージしながら、陸上でも動きづくりのトレーニングをしてください。動きづくりはいつでもどこでも、場所を限定せず、費用や道具も使わず、実施できるのが最大の利点ですから、プール以外の場所でも積極的に活用してください。

　平泳ぎを例に説明します。大別して、スピードタイプとパワータイプの2つのタイプがあります。スピードタイプは、一般的に軸のスムーズな移動を利用して水の抵抗を抑えて泳ぐタイプ（ハンセン選手）、パワータイプ（北島康介選手）は水上の高い位置から重力を利用してダイナミックに水面に没入することで推進力につなげています。

※2つのタイプの中間の選手もいますので、その場合は動きづくりを組み合わせたり、意図的に違った特徴の泳ぎ方を試したりしてみるのもよいでしょう。

①前方向への軸の伸縮

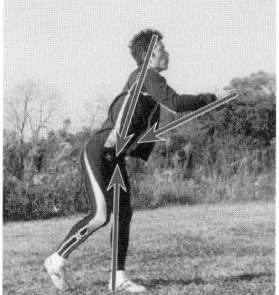

　背骨の軸を伸ばす動きで、写真の場合は歩きながら実施している。一歩一歩足を踏み出していくときに、踏み出した足とは反対の腕を最大限に進行方向に伸ばし、尻（仙骨）は逆に後ろ方向に伸ばすことで、軸を最大限に伸ばす。ウォーミングアップでこの動きを実施すると軸を伸縮させやすくなる。

第 4 章　さまざまなスポーツの動きづくり（実践編）

②クロール

　クロールの動きは、軸の「伸縮」とほとんど同じもので、違う点は腕の入水と掻きである。腕の動きのイメージはＳの字で、なるべく親指の方から水に抵抗を与えないように、内側から外側に向けてスムーズに入水させ、そのまま外側に逃げる水を追いかけるように移動させる。その後、外側に逃げた水を外側から内側に包み込むように引き戻し、胸の付近との間にはさみ込むようにして、なるべく多くの水を移動させるよう心がける。胸の付近からの移動は、そのまま下に移動して臍を通過し、腰の横から腕を水の外へ出す。軸上の動きとしては、腕が入水している間に、腹筋・背筋、腹筋・背筋と２回、力の出し入れをすることで推進力を高める。

③バタフライ

　バタフライの動きは、クロールの片方の腕の動きを両腕で同時に行うもの。両方の腕でＳの字を書くことになるので、掻いたコースを上からみると、女性のボディーラインのようなイメージになる。大事な点は、クロールと同様に腕の掻きを腹筋・背筋でコントロールし、力を入れる局面と力を抜く局面を、タイミングよくつくることで推進力を高めることである。

④平泳ぎ

　平泳ぎの動きは、脚は、推進方向に腰を中心にしてけのびをする。腕は、左右の人差し指を合わせるようにして伸びていく。その後、ほんの少しの間を置いて、脊柱起立筋を中心として水中から上半身が浮き上がるように移動する。水の抵抗を少なくするためには、頭から浮き上がるときに、一緒に多くの水を持ち上げないことが必要になる。そのためには、リードしていく腕をダイナミックに前方に推進させ、その後一瞬の間に後ろへ腕を掻くことで、頭上の位置にウォーターポケットをうまくつくることが重要になる。

⑤背泳ぎ

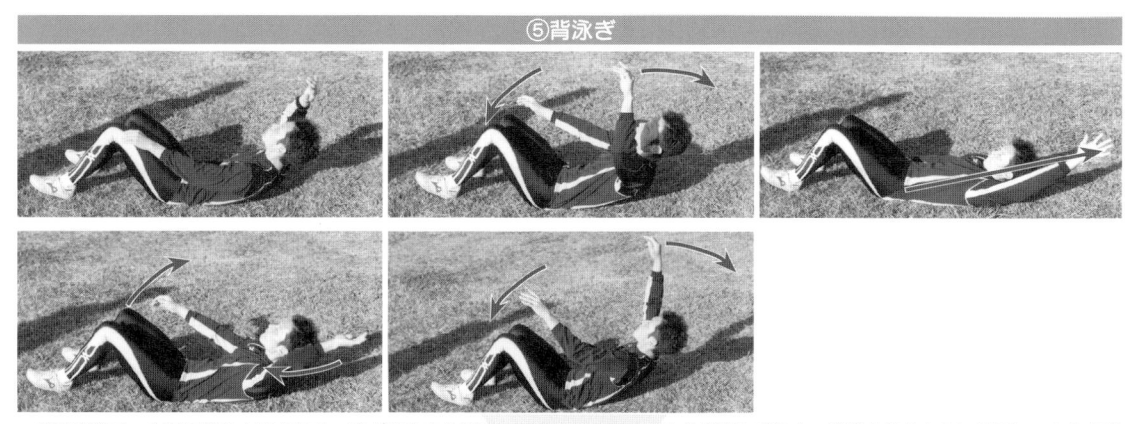

仰臥姿勢で、交互に腕を上下させる。腕が接地する瞬間に、脊柱起立筋を腰から順番に頭の方へ移動させるように使用し、力を伝達させる。腕の着水と軸の移動のタイミングを覚える練習といえる。

6. 打の動きづくり

　打について、野球のバッティングとテニスのストロークで説明すると、両者ともその本質的な動作はスムーズなサイド移動を目的としていますので、本質的な要素は同様です。異なる点は打つ方向性と、力のコントロールです。テニスのストロークでは、ボールを相手のコートに入れなければならないという制約があるのに対して、バッティングでは、ホームランの場合は遠くへ飛ばす技術、ヒットの場合にはヒットになるエリアへのコントロールが要求されます。その点は、応用動作で対応すればよいもので、基本動作の中心はサイド移動になります。

　ここでは、バッティングに絞って説明します。バッティングに関しても、大別して、スピードタイプとパワータイプの2つのタイプがあります。スピードタイプは一般的に軸のスムーズな移動を利用して打つタイプ（イチロー選手）です。パワータイプは捻りをうまく使って、ヒットする直前に前足を地面に対してブロッキングして爆発的なパワー伝達をして打つタイプ（松井秀喜選手）です。体型的には前者は一般的に細身の選手、後者は筋肉質の選手に多いと考えられます。

※2つのタイプの中間の選手もいますので、その場合は動きづくりを組み合わせたり、意図的に違った特徴の打ち方を試すことで自分の特徴を再確認してみるのもよいでしょう。

第4章 さまざまなスポーツの動きづくり（実践編）

①リラックス（軸のサイド移動）

　打つ動作の代表的なものには、野球のバッティング、テニスのストローク、ゴルフのスウィングなどの専門動作がある。これらの動きは、サイドの移動が基本になっており、この動きの質をいかに高めるかが上達のポイントになる。
　サイドの動きの質を高めるには、上半身をリラックスさせてサイドに移動することが重要である。ここではバッティングを例としてあげたが、リラックスしたスウィングを実施しているのがわかる。留意点としては膝をやわらかく使い、やや下方向に弧を描くように移動するとさらに質のよいスムーズな移動が実践できる。

②バッティング——パワーポジション（補助者による押し引き）

　松井秀喜選手のようなホームランバッターは、ボールを遠くまで飛ばすことが必要になる。飛距離を出す場合は、軸を後ろに倒し、できる範囲でなるべく軸を地面に近づけるようにする。このことでボールを飛ばすための軸の土台ができる。そして腕は、逆に飛ばす方向へ投げ出すようにスウィングする。この動きをタイミングよく実施することで、作用反作用を最大限に利用でき、ボールを遠くまで移動させることができる。写真の動きでは、補助者がバットのヘッドを押したり引いたりすることで、パワーポジションを確認することができる。

③バッティング——ミート打法（左足スライド・ブロッキング）

　イチロー選手のように、ボールをミートすることを前提にした選手は、軸をしっかり立てる（重力軸の形成）ことが大切になってくる。それは、ボールを見やすい位置にポジショニングすることができるからである。下半身は土台として安定させておき、その土台の上に軸を垂直に乗せ、そのまま軸を進行方向にサイドへ移動させることで、軸ごとボールに当てるようにミートする。これは、そのミートする瞬間までの動きづくりである。

あとがき

私が鍼灸学校で教鞭を執る傍ら、実業団や学生の陸上競技を中心にトレーナー活動を行っているさなか、向野先生と一緒に活動をさせていただいたのは1995年ユニバーシアード福岡大会のときでした。鍼灸コーナーで経絡テストを応用した施術をされており、先生に教わりながら経絡テストにもとづく鍼治療を取り入れてみました。

その後は、経絡テストを応用して、鍼灸のみならず、ストレッチ、マッサージとさまざまな分野に応用したところ、治療効果があがることを実感しました。鍼灸マッサージ治療もさることながら、選手や指導者の方に自己管理のための自分に合ったストレッチやマッサージ指導を行う場合に大変役立っています。現在では、小学生、中学生さらには高齢者の方の治療や講習にも利用しています。

一方、籾山先生とは国体で出会い、先生にブロッキング指導を受けました。そこでは、軸づくりなどのドリルを数多く指導されていました。先生と活動を続けていくなかで、経絡ストレッチングの軸づくりとブロッキングドリルによる軸づくりとが一体となることに気づき、運動とケアが一つの流れとなる方法が確立されれば、自らの軸のずれからくる障害の予防や、治療に役立つのではないかと考えました。

本書は、章ごとに独立して活用することも可能ですが、全体では、経絡テストで自らの動きの問題点をさぐり、経絡ストレッチでそれを修正し、トレーニングで軸づくりをはじめとする効率的な動きが獲得できる構成になっています。さまざまなスポーツに、また、日常生活に役立てていただけることを願っております。

朝日山　一男

*　　　　　*　　　　　*

私は、選手のよりよい動きを引き出すための「動きづくり・技術トレーニング法」について26年間研究をしてきました。この間、とくに10年ほど前までは、これまでの指導法が身体を丸ごとではなく、各部位を切り離して考える西洋的な考え方がスポーツ界を支配していることに疑念を感じていました。

このような考え方が、リラックス、リズム、バランス、タイミング、コントロールといった動きの本質的要素の調和を乱し、しなやかに動くことを阻害しているのではないかと。また、目先の勝利にとらわれ、選手に無理な目標設定や過剰なトレーニングを要求している指導者が少なからずいるということも感じていました。

このようななか、私は1997年の大阪国体で、朝日山一男先生と一緒に仕事をする機会を得ました。私はコーチ、先生はトレーナーとしてともに神奈川県の競技力向上のために尽くしました。また、1998年の日本体力医学会神奈川大会で、筑波技術短期大学の森山朝正先生から、大筋群に沿って流れる12本の経絡（気のライン）とスポーツとの動き

の関連性について、世界的に類のない研究をされている向野義人先生のことを教えていただきました。

それ以来、両先生との出会いによって私の視野は広がり、身体の力軸に着目した動きの質と、私が研究してきた「動きの自然性」とがつながるのではないかと痛感するようになりました。

私の研究は、本文でも触れたように、動きづくりの創始者である故・小栗達也先生の流れを継承しています。小栗先生は、東洋的な考えを取り入れ、自然に逆らわないしなやかな動きを重視されていましたから、上記の先生方との共同作業の中で、動きづくりの根本に流れている「自然性」の考え方と、全体性、包括的な関連性で考える東洋医学の考え方とがうまく調和し、互いに共鳴することを実感しました。

こうして、私は本書の執筆作業を通じて、それぞれの立場で研究の最先端をいく方々と共同することで、世界でも類のないトレーニング法が確立されるのではないかとさえ感じました。

本書の動きづくり指導法は、身体の力軸を中心として醸し出される動きの質を考えたものであり、全体性、動きの関連性、自然性を重視しています。この点で、他の書籍にはないオリジナルなものになっているはずです。ですから、指導者の方には、興味のあるところから読み進んでいくことで、東洋思想の広くて、深い、それでいてシンプルな考え方を感じ取っていただけるのではないかと考えています。また競技者の方なら、日常生活の中のわずかな時間に、経絡ストレッチやブロッキングウォークを行うことで、その効果を実感していただけるはずです。そして、本書が様々な動きづくりの参考となり、さらに専門種目の応用に役立てていただければ幸いです。

最後に、動きづくりに関しては、一子相伝のごとく手ほどきをしてくださった故小栗達也先生に対して、心から感謝申し上げます。先生にはいつも傍らで見守っていただいていると感じています。

また、大修館書店編集部の綾部健三氏に、企画・構成・編集のすべてにわたり貴重な示唆をいただいたことが、「東洋医学―経絡ストレッチ―動きづくりトレーニング」という本書の内容に結実したことを実感しております。そのご尽力に対して深く感謝を致します。

今後も、今までお世話になった皆様方とともに、一期一会の機会を大切にして精進して参る所存です。

2006 年 3 月 20 日

籾山　隆裕

編著者紹介
■**向野 義人**（むかいの よしと）

1947年福岡県生まれ。九州大学医学部卒業。医学博士。上海中医学院（現、上海中医薬大学）、ドイツ・ゲッティンゲン大学、英国・エクセター大学留学。三重大学第三内科、福岡大学病院第二内科を経て、現在、福岡大学スポーツ科学部教授、同大学院スポーツ健康科学研究科教授、同大学病院東洋医学外来を兼務。

□ 著 書
『経絡テスト』医歯薬出版
『経絡テストによる診断と鍼治療』医歯薬出版
『スポーツ鍼灸ハンドブック―経絡テストの実際と鍼治療』文光堂
□ Website（Meridian Test）
　http://square.umin.ac.jp/mtnet/

写真撮影
朝日山雅子

撮影協力
鈴木　充（神奈川県立小田原高等学校教諭）
銭谷　満（相洋高等学校教諭）
中村　展也（神奈川県立ひばりが丘高等学校教諭）
　＊　＊
稲葉　広幸（東海大学）
加藤のぞみ（東京芸術大学）
木原　沙織（慶應大学）
小泉　雅文（神奈川大学）
小林　春樹（神奈川大学）

著者紹介
■**朝日山 一男**（あさひやま かずお）

1949年島根県生まれ。慶應義塾大学法学部卒業後、神奈川衛生学園専門学校、東京医療専門学校鍼灸教員養成科を卒業。横浜銀行陸上部トレーナーを経て、現在、神奈川県立平塚商業高等学校嘱託。神奈川衛生学園専門学校専任教員、朝日山治療院開設。日本体育協会公認アスレティックトレーナー、健康運動実践指導者、日本陸上競技連盟医事委員会トレーナー部A級トレーナー。
□ 著 書
『スポーツ東洋療法ハンドブック』（東洋療法学校協会スポーツ東洋療法研究委員会編、医道の日本社）

■**籾山 隆裕**（もみやま たかひろ）

1957年神奈川県生まれ。横浜国立大学大学院教育学研究科保健体育専攻修了。現在、神奈川県立深沢高等学校教諭。日本陸上競技連盟ジュニア普及部委員。
□ 著 書
『ブロッキング技術トレーニング～あらゆるスポーツ動作を解明する魔法の杖～』（籾山隆裕著・月刊陸上競技編）陸上競技社

下田　沙絵（国際武道大学）
田口　裕之（中央大学）
多田　幸弘（日本大学）
野口　景世（産業能率大学）
若井　祐介（國學院大學）
渡邊　和敏（法政大学）
小川　達郎（神奈川県立小田原高等学校）
藤松　聖弥（神奈川県秦野市立西中学校）
籾山　佳範（浅野中学校）

競技力向上と障害予防に役立つ経絡ストレッチと動きづくり
©Yoshito Mukaino　Kazuo Asahiyama　Takahiro Momiyama　2006
NDC781　104P　26cm

初版第1刷　2006年 5月15日

著　者――向野義人　朝日山一男　籾山隆裕
発行者――鈴木一行
発行所――株式会社　大修館書店
　〒101-8466　東京都千代田区神田錦町3-24
　電話 03-3295-6231（販売部）03-3294-2358（編集部）
　振替 00190-7-40504
　[出版情報] http://www.taishukan.co.jp
　　　　　　http://www.taishukan-sport.jp（体育・スポーツ）

装　丁――和田多香子
本文レイアウト――加藤　智
イラスト――イー・アール・シー
印刷所――横山印刷
製本所――牧製本

ISBN4-469-26605-1　Printed in Japan
Ⓡ本書の全部または一部を無断で複写複製（コピー）することは、著作権法上での例外を除き禁じられています。

音楽と運動が「脳」の活性化に重要な役割を果たしていることを実証

脳は甦る
―音楽運動療法による甦生リハビリ―

野田　燎（大阪芸術大学教授）
後藤幸生（福井医科大学名誉教授）［共著］

脳卒中や事故による意識障害者、パーキンソン病、自閉症などの患者に、トランポリン運動と音楽によって、記憶や運動機能を甦らせるという独創的な療法の理論と実際を紹介。

―目次―

口絵(カラー)…	意識障害者の音楽運動療法時における「脳」「心臓」への影響
プロローグ…	秘められた可能性 ―水頭症青年の驚くべき進歩
第1章………	音楽運動療法の基本原理とその方法
第2章………	「生命」と「音」に秘められたパワー
第3章………	音楽運動療法の実際
第4章………	意識と脳のメカニズム ――「心」と「身体」の不思議
第5章………	音楽運動療法の科学的検証
エピローグ…	音楽運動療法に関心のある方々へ

四六判・254頁・定価2,310円

大修館書店　書店にない場合やお急ぎの方は、直接ご注文ください。Tel.03-3934-5131

高齢者の運動ハンドブック

米国国立老化研究所・東京都老人総合研究所運動機能部門：著　青柳幸利：監修

誰でも安全にできる健康づくり運動

どうすれば高齢者が安全で手軽に運動できるか。さまざまな高齢者の体力レベルや病状に応じた運動の質と量、やり方、注意点など、日米の老化に関わる研究所がまとめた最新の運動プログラムをイラストで紹介。健康づくりを目指す高齢者や指導に携わる人には必携書。

【主要目次】
第1章	運動するとどんな効果があるのでしょうか
第2章	運動をしても大丈夫でしょうか
第3章	運動をし続けるには
第4章	自宅でできる運動の例
第5章	運動の効果をチェックする
第6章	歩く速さで体力水準や健康状態がわかる
第7章	漫然たる散歩やウォーキングだけでは老化は防げない

●B5変型判・128頁・定価1,680円

大修館書店　書店にない場合やお急ぎの方は、直接ご注文ください。Tel.03-3934-5131

定価＝本体＋税5％（2006年4月現在）